JN238156

ドラマ教育入門

著

小林由利子・中島裕昭・高山 昇・吉田真理子
山本直樹・高尾 隆・仙石桂子

図書文化

For

Winifred Ward
Geraldine Brain Siks
Brian Way
Dorothy Heathcote
Cecily O'Neill
Keith Johnstone
Viola Spolin
Jonothan Neelands
Bertolt Brecht
Augusto Boal

序文

　私にとって,『ドラマ教育入門』を紹介することは大きな喜びです。この本は,間違いなく日本のドラマ教育の発展のために寄与するでしょう。

　ドラマが子どもたちのための学習手段として有効であることは,世界中で明らかにされてきました。子どもたちは,ドラマを通して,身体的,感情的,認知的に,想像世界に登場人物として入っていくことができます。教師は,ドラマを導入しながら,学習を展開し,教室の壁を越えられます。子どもたちは,ドラマの中で,テーマやアイデアや価値観を他者と共に経験できます。このような社会的な想像力による経験は,教育課程における教科の知識と理解を深めると同時に,人間としての価値観や責任感を発達させます。

　ドラマは,子どもたちと現代社会の重要な問題をつなぐ強力な手段です。ドラマは教育課程に書かれていることを現実の文脈に位置づけるので,子どもたちは,人間形成のための学びの重要性,教室外と教室内での学びの関係性を経験できます。この経験は,子どもたち同士でより深く考え話し合うように導き,子どもたち一人ひとりの学びに合うようになっていきます。ドラマの中で他者と協働せざるを得ない状況は,子どもの社会性,感情,知性の発達を促します。さまざまな人たちと一緒に仕事ができる能力は,現代社会で生き抜いていくために必要不可欠な能力です。ドラマは,子どもたちがこれらの能力を発達させ,学級を越えた世界で他者と協働するための手助けをします。ドラマを通して,子どもたちは,未来について考え,どうしたら希望をもち,生き抜いていけるかについて想像することができます。

　本書で紹介された考えや方法を応用すれば,教師は教育課程の教科を教えること以上のことができます。ドラマを通して共に学ぶ経験は,教育課程を越え,教室を越え,学校を越えて学びの質を高め,子どもたちが,責任感と充実感と自己肯定感のあるおとなとして成長していくための生き方の質を高めていくでしょう。

　　　　　　　　　　　　ウォーリック大学教授　ジョナサン・ニーランズ

はじめに

　大学で授業を教えていると，他者とのコミュニケーションや自分を表現することを苦手に感じている学生たちが多いことに直面する。苦手としているだけでなく，他者と触れ合うことさえも避けようとする学生もいる。10年くらい前，4〜5人のグループで丸くなり，前に進んで，ばらばらに片方ずつ他者の手をつないで，くぐったりまたいだりして，こんがらがった手をほどいていくドラマ活動をしたときのことである。この活動をする前にズボンに手を何度もこすりつけている学生を見つけ，「どうしたの？」と聞くと，「だって，自分の手汗を感じとられたくないから」と答えた。数年前，学生の同じ行動を見つけて尋ねてみると，「当然でしょ」と答えた。最近は，この活動をしたあとに，「先生，手を洗ってきていいですか」と聞かれた。

　このように学生たちが，傷つきやすく，他者と触れ合うことに敏感になり，直接触れ合いたくないという傾向が年々強まっている状況のなか，学生たちが教師として，あるいは一人のおとなとして社会に出て，生き抜いていけるだろうか，と不安を感じる。近年，教育現場において，演劇やドラマを導入してコミュニケーション力，表現力，想像力，創造力，感性，協調性，協働性，問題解決能力などを育成できないかという試みがなされてきている。また，教科科目を教えるときに，ドラマや演劇を学習媒体として使用できないか，という実践も行われている。

　ドラマはさまざまな意味を包含しているので，これをひと言で定義することは至難の業である。しかし，ドラマ教育という視点から考えると，少なくとも学校で演劇作品を上演することのみを目的にした活動ではないということは明らかである。

　近年，イギリスやアメリカからさまざまな研究者や実践者が来日して，講演会やワークショップがさかんに行われるようになってきた。そのおかげで，ドラマ教育にはさまざまな理論や方法論があることが知られるようになってきた。しかし，全体像としてドラマ教育が何であるかについて書かれた本は

ほとんどない状況である。アメリカのクリエイティブ・ドラマが紹介されてすでに50年以上を経ているにもかかわらず，「クリエイティブ・ドラマの母」であるウォードの理論と方法論は，日本に十分に紹介されていないし，実践もされていない。また，イギリスの Drama in Education（DIE）についても同様である。大学の授業で使えるようなテキストは皆無の状況である。

そこで，主要なドラマ教育の実践的研究者を取り上げ，その理論と方法論を示し，これらをどのように日本の教育現場に応用させていくかについて検討しようと考えた。何度か来日してドラマのワークショップと講演会を重ねている，ジョナサン・ニーランズ教授の著書を講読しようと集まった実践的研究者の勉強会である「ニーランズ研究会」がきっかけになって，本書を出版することになった。

ドラマ教育は何にでも効く特効薬ではない。しかし子どもたちや学生たちが，社会で生き抜くための何らかのリハーサルの機会を提供できる，と考える。ドラマ教育は，必ずグループで活動するので，少なくとも他者と協働する機会を参加者は何度も経験できる。その中で参加者は，自発的にさまざまなことを発見したり，理解したりできる。

この本を読まれた学生の皆さん，教師の方々，ワークショップのファシリテーターの方々に，ドラマ活動をやってみようか，と思ってもらえたら幸いである。ドラマ教育は，それぞれの実践者が，ほかの実践者の理論や方法論をまねたり，応用したり，失敗したり，成功したり，試行錯誤をしながら，自分自身の理論と方法論を一生かけて編み出していくものである。この本が，そのためのきっかけになればと願っている。それぞれの執筆者も現在進行形で自分自身の理論と方法論を悩みながら実践し研究している。本書は，ドラマ教育の真髄である協働作業により結実することができた。出版までの道のりがまさにドラマ教育についての学びそのものであった。

2010年1月

執筆者代表・小林由利子

『ドラマ教育入門』目次

序文
はじめに

第1章　ドラマ教育とは？ ——————————— 9
　1　ドラマ教育とは？…10
　2　ドラマ教育の目的…15
　3　英米のドラマ教育の歴史…17

第2章　ドラマ教育の方法 ——————————— 23
　1　ウィニフレッド・ウォード：クリエイティブ・ドラマの母…24
　2　ジェラルディン・ブレイン・シックス：クリエイティブ・ドラマ——プロセス・コンセプト・アプローチ…34
　3　ブライアン・ウェイとDrama in Education：「ドラマ教育とは何か」を教えてくれた演劇教育者…44
　4　ドロシー・ヘスカット：Drama in Education…54
　5　セシリー・オニール：プロセス・ドラマ…64
　6　キース・ジョンストン：インプロヴィゼーション…76
　7　ヴァイオラ・スポーリン：インプロヴィゼーション…86
　8　ジョナサン・ニーランズ：Drama in Education ——コンベンションズ・アプローチ…96
　9　ベルトルト・ブレヒトの教育劇と演劇教育：社会改革のための新しい演劇形式の開発…106
　10　アウグスト・ボアール：被抑圧者の演劇から欲望の虹へ：エンパワーメントのための演劇のパイオニア…116

第3章　学校におけるドラマ教育 ―― 125

1　ドラマ教育のデザイン：より効果的な授業実践のために…126
  1　ドラマ教育への関心…126
  2　ドラマ教育の学習活動…128
  3　学習活動の構造…131
  4　授業の実施にあたって…134
  5　評価について…139
  6　本章の授業案について…140

2　幼稚園・保育所において…142
  ◎魔法のなべ：自由な活動としての遊びからドラマ活動へ…142
  ◎ウクライナ民話『てぶくろ』の劇化：絵本の読み聞かせから劇遊びへ…146
  ◎影絵遊び：影の不思議さや面白さを楽しもう…150

3　小学校において…154
  ◎たくさんのありがとう：伝える相手や場面によって声の大きさを変える【国語】…154
  ◎消防の仕事：安全なくらしとまちづくり【社会】…158
  ◎ウソつきは泥棒の始まり？：周りの人たちに信頼される自分を育てる【道徳】…162
  ◎アルファベット：からだで遊ぼう【外国語活動】…166
  ◎イルカの調教ゲーム：相手によい時間を与えるコミュニケーションを学ぶ【総合的な学習の時間】…170
  ◎みんなで挑戦！　8つのステージ：積極性と協調性の第一歩を踏み出す【特別活動】…174

4　中学校において…178
  ◎図書委員が決まらない：学級のルールを自分たちで考える【国語】…178
  ◎ペリーの来航と開国：日本の近代化への歩み【社会】…182
  ◎葉っぱのフレディ："Life"とは？【英語】…186
  ◎通知表：親になってみる体験を通して，自立する準備を始める【道徳】…190

◎高齢化社会に生きる私たち：家族の一員として高齢者福祉を考える【総合的な学習の時間】…194
　5　高等学校において…198
　　◎羅生門：老婆のレトリックを読みとく【国語総合】…198
　　◎信頼について考えよう：他者とのかかわりのなかで【倫理】…202
　　◎ Amanda Davis：異種移植をめぐって【英語】…206

第4章　ドラマ教育をより深めるために ────── 211

　1　研究とは何か？　論文とは何か？…212
　2　いろいろな研究方法…213
　3　ドラマ教育の実践を研究するために…215
　4　実践記録のつけ方…216
　5　実践記録をつけたあとどうするのか？──分析から論文執筆へ…223
　6　新しい研究発表の仕方…225

コラム・用語解説

　　新教育運動…25　子どもたちの演劇…43　児童演劇…43
　　ユース・シアター…43　ドラマ教育とイギリスとピーター・スレイド…52
　　ロールプレイ…53　サイコドラマ…53　インプロ…77　シアターゲーム…87
　　エンカウンター…95　ホット・シーティング…98
　　TIE（Theatre in Education）…102　異化効果…110
　　パウロ・フレイレの識字教育と「エンパワーメント」…124

資料

　　絵本・物語…210　参考 CD…231　視聴覚教材（DVD・ビデオ）…231
　　ドラマ教育／演劇教育関連　参考文献…228

さくいん…232
おわりに

第1章
ドラマ教育とは？

> ドラマ教育とは何であろうか？
> 本章では，ドラマ教育とは何であるか，その目的は何かを考えたい。アメリカ・イギリスのドラマ教育の歴史を概観することを通して，ドラマ教育に求められている役割と可能性について学ぶ。

ドラマ教育とは？

1 ドラマ教育とは？

　ドラマとは何であろうか。語源から考えると，ドラマ（drama）は，ギリシャ語の"dran"，英語の"do"で「行為する」という意味である。本書におけるドラマ教育とは，従来よく行われてきた，子どもたちが台本を覚えて舞台で上演し，観客に見せる活動ではない。ドラマの語源を踏まえて，子どもがドラマをすること自体に何らかの学びの機会があることを見いだした，過程中心の活動を行う教育であると定義する。日本では過程中心のドラマ活動を演劇教育に包含する場合もあるが，本書では上演を目的とした演劇活動と区別するために，ドラマ教育という名称を使うことにする。

　欧米では，このような活動はクリエイティブ・ドラマ[1]，インフォーマル・ドラマ，教育的ドラマ，ディベロップメンタル・ドラマ，チャイルド・ドラマ，Drama in Education（DIE），プロセス・ドラマなどさまざまな名称で呼ばれている[2]。本書では，これらを総称してドラマ教育と呼ぶことにする。

1 ドラマ教育におけるドラマの特徴

　本章では，学校教育におけるドラマ教育の「ドラマ」に限定して考えていくことにする。
　まず，ドラマの特徴について類似した活動と比較しながら考えてみる。第

---

[1] 初期はクリエイティブ・ドラマティックスと呼ばれていた。
[2] 日本において類似した活動として「劇遊び」があるが，欧米と比較すると教師／リーダー／ファシリテーターの役割が明確に位置づけられていない。また，劇的遊び／ごっこ遊びを混同している場合もある。

1に，ドラマは，セラピー的目的はなく，教育的目的をもつ活動である。心理療法等でよく用いられるロールプレイをドラマ教育でも行う場合もあるが，それはあくまでドラマ教育のさまざまな技法の一つであり，治療的な目的をもたない，芸術的経験を重視した活動である（Rosenberg, 1987, p.3）。

第2に，ドラマは，演劇のさまざまな要素を用いるが，演劇という芸術形式とは異なる活動である。それは，過程中心の活動で，台本のある演劇作品の上演を最終目的にしない。上演のために繰り返し行われるリハーサルはなく，即興的な教育的ドラマ活動である（Rosenberg, 1987, p.3）。

第3に，ドラマは，独自の特徴をもっているので，子どものごっこ遊びと多くの特徴を共有するが，その単純な延長線上の活動ではない。なぜなら，ドラマ教育は，教育目標があり，一定の時間内で行われ，教師／リーダー／ファシリテーターが存在する構造化された学習活動である。言いかえれば，教師／リーダー／ファシリテーターは，学習目標を設定し，初めの授業から次の授業へと紡いでいき，ドラマ活動を導入しながら，参加者に芸術的刺激を与えたり，評価したりするからである。そして，お互いに観せ合うことを通して，振り返りと評価を行う活動である（Rosenberg, 1987, pp.3-4）。

他方，劇的遊びは，教師がいなくても，子どもたち自身が自らかかわり，自然に選択する。さらに，役を演じていてもほとんどお互いに観せ合って，評価し合ったり，振り返ったりしない活動である（Rosenberg, 1987, p.4）。

次に学校教育のドラマとして考えられる領域には次の4つがある。第1に，個人的・社会的教育としてのドラマである。つまり，個人の成長，社会性の発達，倫理・道徳教育のためのドラマである。第2に，国語（例えば，イギリスでいえば英語）という教科の中におけるドラマである。第3に，芸術教科としての「ドラマ」である。第4に，教科を教えるための媒介・教育方法としてのドラマである。

それぞれの領域によって，ドラマ活動をする目的が異なり，そのための内容と方法論に違いが生じる。しかしながら，同じような活動も行われるが，目的を異にすることによって子どもが経験する内容に違いが生じる。

第1章　ドラマ教育とは？

　イギリスのドラマ教育者，セシリー・オニール（P.64参照）とアラン・ランバートによれば，「学校におけるドラマとは，学習方法である。生徒たちがドラマの中で想像された役と状況に自らを同一化することを通して，彼らが社会的問題，一連の事件，関係性について探求するための学習ができる」（O'Neill & Lambert, 1982, p.11）と述べている。

　ドラマ教育におけるドラマの特徴として，中等教育を専門にしているジョナサン・ニーランズは次のことを強調している。

・ドラマは，明白に児童中心の活動である，と同時に教師のかかわりに依拠している学習活動でもある。
・ドラマは，現実世界を模倣しながら，想像されたアクションと言葉を通して，人間の存在意義をつくり出し解釈する，社会的で双方向的な活動である。
・ドラマは子どもの劇的遊びがルーツで，芸術としての演劇につながっている活動である（詳細はP.96，ニーランズの項目も参照）。

　つまり，ドラマは，遊び／ドラマ／演劇という連続体の一部であり，子どもがごっこ遊びをしているような状況を，教師の導きのもとで，子どもたちと共につくり出す活動である（Neelands, 1984, pp.6-7）。そして，ドラマ活動において，参加者の子どもたちだけでなく，教師も学習者であり，パートナーシップを参加者と築いていかなければならない。教師と参加者が平等な関係で，子どもたちと教師が一緒になってドラマ活動をつくっていくのである。

　初等教育を専門にドラマを実践し，研究しているジョー・ウィンストンとミロス・タンディは，ドラマ教育のドラマの特徴を次のように述べている。それは楽しくて面白い活動であり，人間のために重要な問題を探求するための物語を使用し，時間と場所が決められていて，ルールのある活動であると同時に社会的活動であり，協働作業を伴う芸術的活動であり，ルールと技法で運営される活動である（Winston & Tandy, 2001, pp.vi-x）。

　ごっこ遊びはルールがゆるやかな活動だが，ドラマ活動は，ルールと教師によって紹介される技法によって成り立つ活動である。もっともドラマ活動

は幼児のごっこ遊びと同様に、時間と場所が保障され、参加している子どもたちと教師の間で、これは現実世界ではなく想像された世界だという了解がなされている。つまり、子どもたちはごっこ世界を共有し、維持している。ドラマ活動は、物語を劇化して観客に観せることが目的ではない。子どもたちや参加者が考えなければならない問題について、想像していた世界のなかで探求する機会を提供する活動である。

　本章における劇的遊び（dramatic play）[3]は、「想像的トランスフォメーション（imaginative transformation）」がある活動のことを意味する。つまり見立てあるいは変身という「ごっこ（make-believe）」がみられる活動である（Koste, 1978, p.6）。劇的遊びは、幼児の自由な活動であり、幼児がそのなかで探索することができ、幼児の身の回りの行為や人物の特徴を模倣する活動である（McCaslin, 2006, p.7）。劇的遊びにおいて、親や保育者や教師が十分な時間と空間と環境を用意し、そのなかで子どもは遊びながら自発的にさまざまな発見をし、創造したり、挫折を味わったり、からだを使って演じたり、人間関係や社会現象などを理解したりしているのである。

　つまり、劇的遊びでは、保育者等は直接的に子どもにかかわるのではなく、どちらかといえば環境を通して間接的にかかわるのである。しかし、子どもからの誘いあるいは状況に応じて、保育者等が役になって子どもの劇的遊びに参加する場合もある。

2　ドラマ教育の具体例

　クリエイティブ・ドラマとは「即興的で、観客に観せるためでなく、過程中心のドラマ活動である。活動の中で参加者は、リーダーに導かれながら、現実の経験あるいは想像された経験をイメージしたり、演じたり、振り返っ

---

[3] 日本では、劇的遊び（dramatic play）と劇遊びの区別があいまいになっている。劇的遊びは、日本で一般的にいわれているごっこ（make-believe）という遊びのことであると考える。劇遊びにおいて、通常教師が援助・指導して、一定時間内でグループ活動として、ドラマ活動が行われる。したがって、劇遊びはドラマ教育の一つの形態と位置づけることができる。

たりする」(Rosenberg, 1987, p.15) 活動である。つまり，クリエイティブ・ドラマは，脚本がなく，作品の上演を目的にせず，ドラマをすること自体を重視する活動で，教育的目的があり，教師／リーダー／ファシリテーターによって導かれるドラマ活動である。クリエイティブ・ドラマの基本は，「楽しい (fun)」活動であるということで，これは，初期から現在まで変わらない。

Drama in Education (DIE) とは，イギリスでは「生徒たちが役を演じながら探求する参加型の学習形式で，教師によって導かれる」(Bennett, 2005, p.16) ドラマ活動であると定義されている。イギリスにおける DIE は，「初等・中等学校で特に発展し，のちに「プロセス・ドラマ」と呼ばれるようになった。教師は，DIE をさまざまな教科を総合的に教える媒介として用いた。もしだれかだとしたら，といった役を演じながらオープン・エンドなやり方で探求する」(Bennett, 2005, p.16) 教育方法である。一般的にイギリスのドロシー・ヘスカット（P.54参照）の実践から DIE と呼ばれるようになったといわれている。彼女のもとには多くのドラマ教育の専門家が学びに来て，その後，彼らは世界各地でヘスカットの強い影響を受けて実践している。

アメリカのネリー・マッキャスリンは，DIE は，「ほかの教科を教えるための方法である」(McCaslin, 2006, p.11) と簡潔に定義している。マッキャスリンは，「DIE は，子どもたちの認識を広げたり，ファンタジーを通して現実を見ることができるようにしたり，表面上のアクションに隠された意味を知ったりするために使われる。DIE の目的は，劇づくりではなく，さまざまなことを理解することに重きをおいている」(McCaslin, 2006, p.11) と述べている。DIE は，「物語を劇化したり，台本を発展させたりすることより，子ども自身がかかわっているトピック（鉱山災害，ストライキ，ゴールドラッシュ，選挙など）の劇的瞬間の中に自らを投入することである。そこから，子どもたちはトピックについてさらに調べ，学び続ける。彼らは，自分たちが調べた状況の中の人物になる。教師は，教材を準備し，調べ学習を導き，ドラマ活動の中で役を演じたりする」(McCaslin, 2006, p.11)。

2　ドラマ教育の目的

　ドラマ教育の大きなねらいは，基本的には教育のねらいと同様に，「個人と社会の一員としての子どもの成長を最大限に高めること」（McCaslin, 2006, p.11）である。そしてそれぞれのドラマ教育の実践者によって強調する目的は異なる。目の前の子どもにとって必要なこと，そのときに社会で求められていること，そのときの教育課程の記述を踏まえながら，ドラマ教育の目的を設定したからである。ドラマの目的には，前述のように個人的発達と社会的発達の二つの側面があり，時代により強調点が異なる。

　例えば，アメリカでドラマ教育の先駆者となったウィニフレッド・ウォード（P.24参照）は，1920年代には新教育運動の影響を受けて，「全人的教育（a whole child）」をドラマ教育の目的として強調した。しかし，1940年代になると「子どもの創造性の育成」を強調した。

　イギリスのドラマ教育の先駆者であるピーター・スレイド（P.52参照）は，1950～1960年代にはドラマ教育の目的は「全人的教育」であると強調した。同様にブライアン・ウェイ（P.44参照）も，目的は，「全人的発達（the development of the whole person）」（Way, 1967, p.2）であると明示した。ウェイは，人間の発達を「①集中，②感覚，③想像，④身体，⑤スピーチ，⑥感情，⑦知性」（Way, 1967, p.13）の側面で示し，ドラマを通してこれらの調和のとれた発達をめざした。

　さらに，ドラマ教育の目的について，ヘスカットは，「教育にドラマの要素を意識的に使って，子どもたちがすでに知っているけれども，自分たちがそれを知っていることに気がついていないことを実際に明らかにさせることである」（Wagner, 1976, p.13）と述べている。

　オニールらは，初期のドラマ教育のテキストである『ドラマ・ガイドライン』で，ドラマの目的を次のように述べている（O'Neillほか, 1976, p.7）。①ドラマは人間行動と人間関係にかかわるので，グループの社会性を高める。②ドラマは個人の言葉を発達させる。なぜならばドラマは本当に話したいと

いう必要性を生み出し，言葉を使う状況を提供するからである。
③ドラマは子どもにコンセプトをとらえさせ，問題に直面させ，それらを解決させる。
④子ども自身の経験をドラマにしていくので，彼らが考えていることから，すでに知っていることを見つけ出す。
⑤ドラマを通して，特定の科目領域を探求したり，解明したりすることができる。

　マッキャスリンは，8度目の改訂の『教室におけるクリエイティブ・ドラマとそれを越えて』(2006)において，クリエイティブ・ドラマが，「①創造性と美的発達，②批判的思考力，③社会性の発達と他者との協働，④コミュニケーション能力の伸長，⑤モラルと精神性の発達，⑥自己理解，⑦他者の文化的背景と価値についての理解と尊重」(McCaslin, 2006, p.6)に深くかかわっていると指摘し，ドラマ教育の価値として次の11の機会を提供できると述べている。①創造力を発達させる機会，②自分で考える機会，③グループで考える機会，④協働の機会，⑤多様な社会で社会的認知を形成する機会，⑥感情を健全な方法で解放する機会，⑦スピーチのよりよい習慣を身につける機会，⑧優れた文学にふれる機会，⑨演劇という芸術を知る機会，⑩レクリエーションの機会，⑪特別支援が必要な子どもたちのための機会(McCaslin, 2006, pp.13-18)。マッキャスリンは現代アメリカの抱える問題にかかわる活動として，ドラマ教育の価値を示そうとした。

　このようにドラマ教育の目的は，時代と人によってさまざまに強調点が変化する傾向がある。それは，ドラマ教育が学校で行われるため，どうしてもそれぞれの時代の教育課程の影響を受けざるをえないからである。さらに，ドラマという芸術科目が，音楽や美術のように教科科目として確立していない現状を考えると，どうにかして学校の教育課程の中に位置づけようというそれぞれの時代のそれぞれの実践者や研究者の苦心がうかがわれる。

　ドラマ教育の目的として明確にいえることは，ドラマ教育が，子どもの考えを行為に変えていくというやり方で子どもの個人的発達と社会的発達にか

かわるということである。

3 英米のドラマ教育の歴史

　英米において，ドラマ教育の始まる契機となったのは，19世紀末から20世紀初頭のエレン・ケイの『児童の世紀』(1900)に象徴されるように，子どもを対象とする児童文学というジャンルが確立したことである。それに呼応して，児童中心主義の隆盛が起き，過程中心のドラマ教育が始まるきっかけになった。

1 アメリカのドラマ教育：クリエイティブ・ドラマ

　クリエイティブ・ドラマは，20世紀初頭の新教育運動と，アリス・ミニー・ハーツの児童教育演劇 (The Children's Educational Theatre) 運動の影響を受けて，1920年ごろに発生したといわれている。前者の児童中心主義の考えである「全人的教育」の教育方法の一つとして発展していった。後者の児童教育演劇運動は，ニューヨーク市の移民教育を目的にした教育連合 (The American Alliance) が所有する座席数900の劇場に，ハーツが1903年に児童劇場を設立したことから始まる。ハーツは，子どもと一緒に演劇作品を創作する過程で，生来子どもがもっている劇的直観力 (dramatic instinct) が経験できたり，発生したりすることを発見した。

　この直観力は，フリードリヒ・フレーベルが幼稚園で育てようとした直観力と同じであるとハーツは考えた。つまり，子どもの「遊び」の中で生じる直観力と，演劇の創作過程で生じる直観力に共通点を見いだしたのである。ハーツは，すべての子どもに潜在する「劇的直観力」と，少数の才能のある子どもにみられる「演劇的才能 (dramatic talent)」を分けて考え，前者が子どもの発達に大きくかかわることを指摘した。ハーツは作品を観客の前で上演する経験より，作品を創作している過程に教育的価値があることを発見したのである。

○ 1920 年代

　クリエイティブ・ドラマは，一般に「クリエイティブ・ドラマの母」と呼ばれているウォードが，1920 年代にシカゴ近郊のエバンストンで，実験的実践である過程中心のドラマ活動を行ったのが始まりといわれている。それ以前に，ドラマは教育課程の一部としてすでに存在していたが，台本を暗記し，上演して，演劇作品を競い合うコンテストのようなものであった。

　これに対して，新教育運動の影響を受けたウォードは，子どもたちがドラマ活動をしている過程自体に教育的価値を見いだした。彼女はノースウェスタン大学の学生たちとクリエイティブ・ドラマという実験的な活動を実践し，記録することを通して，その理論と方法論を系統づけていったのである。そして，クリエイティブ・ドラマの最初の理論・実践書である『クリエイティブ・ドラマティックス (*Creative Dramatics*)』(1930) の出版につながっていった (Rosenberg, 1987, pp.18-19)。

○ 1930 年代

　1930 年代になると，社会的問題を取り上げた教育に人々の関心が集まり，大人の指導のもとで子どもが台本を暗記して舞台で上演する，従来の文化・教育活動に疑問が投げかけられた。このような背景の中でウォードのクリエイティブ・ドラマは注目され，公的助成金を得て，実験的活動の成果を示すことができ，さらに発展するきっかけになった。1930 年代末には，ウォードはノースウェスタン大学でクリエイティブ・ドラマを使った教員養成プログラムを運営し，多くの学生を育成できるようになった (Rosenberg, 1987, pp.19-20)。

○ 1940 年代

　1940 年代は，アメリカが第二次世界大戦にかかわった時代なので，クリエイティブ・ドラマの発展は停滞した。しかし，1944 年にアメリカ教育演劇協会 (American Educational Theatre Association) と提携して児童演劇委員会 (Children's Theatre Committee) が創設され，ノースウェスタン大学以外でもクリエイティブ・ドラマが教えられるようになった (Rosenberg,

1987, pp.20-21)。

○ 1950年代

1950年代は，クリエイティブ・ドラマが最も発展した時代である。1950年にアメリカ合衆国政府が，諸芸術に関する「個人の健全育成のための美的経験の重要性と芸術的表現」という研究集会を開催したことで，教育におけるドラマの重要性が認知された。この時期，ウォードと弟子たちが，実践と研究にもとづき，多くのクリエイティブ・ドラマの理論と方法論の本を出版した。さまざまな関連雑誌[4]も創刊された（Rosenberg, 1987, p.21）。

○ 1960年代

1960年代になると，科学教育と芸術教育のバランスがとられるようになり，特別支援教育にドラマが応用されるようになり，政府と州政府の助成金が支給されるようになった。1950年代までは，ウォードの方法論が主流であったが，1960年代になると，ヴァイオラ・スポーリン（P.86参照），ウェイ，ヘスカットによる新しい方法論が取り入れられるようになった。そして，さらに多くの大学でクリエイティブ・ドラマが教えられるようになった。例えば，ワシントン大学，ミネソタ大学，テキサス大学，イースタン・ミシガン大学，ユタ大学などである。（Rosenberg, 1987, pp.21-22）

○ 1970年代

1977年，上記の大学を卒業して全米各地に散らばってクリエイティブ・ドラマの実践と研究をしていた35名が，ウィスコンシン州で開催された研究集会に集い討議した。この集会をきっかけに，研究論文や実践報告などの情報交換がさかんになり，研究者間のネットワークがつくられていった。新しい試みとして，高齢者層を対象にした実践が開始された（Rosenberg, 1987, pp.22-23）。

○ 1980年代

1980年代になると，芸術と教育を対象とした助成金が相次いで打ち切られた。したがって，クリエイティブ・ドラマの有効性を示す必要が出てきた

---

4 「*Theatre Arts*」，「*Players*」，「*Educational Theatre Journal*」など。

ため，リサーチが重要な課題になり，The Children's Theatre Association of America（CTAA）は，リサーチ賞を設定し，クリエイティブ・ドラマ研究を積極的に学会誌に掲載[5]するようになった（Rosenberg, 1987, pp.23-24）。

さらに，1980年代にオニールがイギリスからアメリカに移り，オハイオ州立大学大学院でDIE等を教え始めたことが，イギリスのドラマ教育の影響が広がるきっかけになった。つまり，オニールは「クリエイティブ・ドラマが主流だったアメリカの教育課程におけるドラマ」（Taylor & Warner, 2006, p.xv）を導入するきっかけを与えたのである。

○ 1990年代

1990年代は，継続してリサーチの重要性が高まり，クリエイティブ・ドラマ研究だけでなく，DIEや児童・青少年演劇についての研究も求められた。AATEは，リサーチ・コンテストを実施し，奨励金を授与するようになった。公立学校の「Back to Basic」の影響もあり，教科を教える教育方法としてのクリエイティブ・ドラマが叫ばれるようになった。とくに，言語発達や第2外国語習得のためのクリエイティブ・ドラマの効果が明らかにされてきた。さらに，知性の発達にドラマを用いる研究が行われるようになってきた。

○ 2000年代

2000年代は，多くの実践者と研究者が，イギリスやオーストラリアからアメリカの大学に移動してきたため，クリエイティブ・ドラマがDIEの影響を受けて，発展していった時代である。さらに，全米だけでなく，世界中からドラマ教育の専門家が集まる研究集会の開催がさかんになっていった。アメリカとイギリスのドラマ教育の考え方が以前より接近してきている。

2 イギリスのドラマ教育：Drama in Education（DIE）

戦後イギリスでは労働党が政権を握り，1944年に教育法（The Education Act）を制定し，従来の「伝統的な機械的学習から児童中心主義の教育へ移

---

[5] その後CTAAが解体して，American Alliance for Theatre and Education（AATE）として再出発したときにも引き継がれた。

行した」(Bennett, 2005, p.12) ことが，ドラマ教育のようなからだを使った教育の発展に寄与した。その影響で,「創造性の育成が認知され，整然と並べられた机と椅子に座らされるかわりに，子ども自身が組織するグループ・ワークが行われるように」(Bennett, 2005, p.12) なっていったので，学校でドラマ活動を行う空間を与えるきっかけになった。

1950年代になると，ヨーロッパ各地で子どもの芸術が認知されるようになった。それに呼応して，イギリスでは，スレイドが，遊びをルーツとするチャイルド・ドラマを提唱した。スレイドは，子どもの遊びを注意深く観察し，パーソナル・プレイ（Personal Play）という子どもが何かに変身する遊びと，プロジェクテッド・プレイ（Projected Play）という物を使い全身を使わない遊びの二つがあると指摘した。スレイドは，このような二つの遊びを教師や親の援助のもとに発展させていこうと考えた。例えば，「小学校で子どもたちがホールに集まり，教師は何かの役になって子どもたちをリードし，子どもたちはパントマイムで森になったり，山を登ったりする」(Bennett, 2005, p.13) 活動である。

スレイドの継承者であるウェイは,「演劇（theatre）」と「ドラマ（drama）」を区別した。そして，ドラマが，全人的教育と参加者の経験，生きるための練習であることを指摘した（Way, 1967, pp.2-3）。スレイドとウェイの理論と方法論は，一時期隆盛を極めたが，ヘスカットが登場すると急速に衰退していった。

ヘスカットは，ティーチャー・イン・ロール（teacher-in-role）という，ドラマ教師／リーダーが，子どもたちを引き込むために登場人物を演じる技法を考案した。ヘスカットは俳優であったので，参加している子どもたちを深くドラマに招き入れ，探求し，洞察を導き出すことができた。彼女のドラマ活動は，Drama in Education（DIE）と呼ばれ，イギリスをはじめ，世界中に流布していった。ヘスカットの方法論は，ギャビン・ボルトン，オニール，ニーランズなどに引き継がれていき，イギリスのドラマ教育の大きな潮流になっていった。

第1章　ドラマ教育とは？

　1988年にナショナル・カリキュラムが実施され，それまで教科の一つだった「ドラマ」は，教科としての国語（英語）の中に入れられてしまった。

　現在は，学校教育で行われたDIEから，プロセス・ドラマあるいはアプライド・ドラマという学校以外の場所でもドラマ活動が行えるような名称が使われ始めている。ドラマ教育にかかわる実践者と研究者は，学校教育におけるドラマの存続をかけて，ナショナル・カリキュラムのどの科目のどの部分にドラマ活動が対応できるかを明記した本や教科書を出版しており，この傾向は年々強まっている。イギリスのドラマ教育は，第1に学校教育以外の場所に活動の場を広げていくこと，第2にナショナル・カリキュラムと対応させていくことで，生き残りをはかっている。

（小林由利子）

参考・引用文献

- Bennett, Stuart. *Theatre for Children and Young People: 50 Years of Professional Theatre in the UK.* Aurora Metro Publications, 2005.
- Herts, Alice Minnie. *The Children's Educational Theatre.* New York: Harper, 1911.
- Koste, Virginia Glasgow. *Dramatic Play in Childhood: Rehearsal for Life.* New Orleans: Anchorage Press, 1978.
- McCaslin, Nellie. *Creative Drama in the Classroom and Beyond.* Boston: Pearson Education, 2006.
- Neelands, Jonothan. *Making Sense of Drama: A Guide to Classroom Practice.* Oxford: Heinemann Educational Publishers, 1984.
- O'Neill, Cecily. & Lambert, Alan. *Drama Structures: A Practical Handbook for Teachers.* Hutchinson Education, 1982.
- O'Neill, "Prologue", Taylor, Phillip. & Warner, Christine D. ed., *Structure and Spontaneity: The Process Drama of Cecily O'Neill.* Stoke on Trent: Trentham Books, 2006.
- Rosenberg, Helane S., *Creative Drama and Imagination: Transforming Ideas into Action.* New York: Holt Rinehart and Winston, 1987.
- 清水俊夫「劇遊び」，岡田正章ほか編『現代保育用語辞典』フレーベル館，1997.
- Wagner, Betty Jane. *Dorothy Heathcote Drama As A Learning Medium.* Washington. D. C.: National Education Association, 1976.
- Way, Brian. *Development through Drama.* Atlantic Highlands: Humanities Press, 1967.
- Winston, Joe. & Tandy, Miles., *Beginning Drama 4-11. 2nd ed.,* London: David Fulton, 2001.

第2章
ドラマ教育の方法

> ドラマ教育にはさまざまな理論と方法論がある。本章では，優れたドラマ教育の実践家を紹介しながら，具体的な考え方と技法を学ぶ。

	1880	1920	1960	2000
ウィニフレッド・ウォード	1884		1975	
ジェラルディン・シックス		1912		2005
ブライアン・ウェイ		1923		2006
ドロシー・ヘスカット		1926		
セシリー・オニール			1936	
キース・ジョンストン			1933	
ヴァイオラ・スポーリン		1906		1996
ジョナサン・ニーランズ			1952	
ベルトルト・ブレヒト	1898	1956		
アウグスト・ボアール			1931	2009

◎ウィニフレッド・ウォード
クリエイティブ・ドラマの母

ドラマはすべての芸術を統合し，創造的な自己表現を可能にするすばらしい機会である。（Ward, *Creative Dramatics*）

1 背景（成り立ち）

1 生い立ちとドラマ教育

　ウィニフレッド・ウォードは，アメリカの「クリエイティブ・ドラマの母」と呼ばれ，多くの教え子やクリエイティブ・ドラマの実践者や研究者に現在でも慕われている。

　ウォードは，1884年10月29日にアイオワ州エルドラで，地域の社会福祉に貢献する両親から生まれた。1902年にエルドラ高校を卒業，ノースウェスタン大学に入学し，1905年に卒業した。その後2年間，地元のアイオワ州で演出をしたり，弁論大会の指導をしたりした。1908年から1916年までミシガン州の公立学校でリーディング，ドラマ，体育を教えた。1916年にシカゴ大学大学院で英語を専攻し，1918年に優秀な成績で修士課程を修了した。同年から母校のノースウェスタン大学で教え始める。

　1924年からイリノイ州シカゴ近郊エバンストン市立小学校で，ノースウェスタン大学の学生たちと，従来の「子どもが台本を覚えて演劇作品を舞台で上演する」活動と異なる，ドラマ活動をすること自体に教育的価値を見いだした「クリエイティブ・ドラマティックス」[1]という活動を始めた。この活動は，ウォードがノースウェスタン大学を退職する1950年まで継続された。

Winifred Ward
(1884-1975)

ウォードは，1944 年に児童演劇研究大会（The Children's Theatre Conference）を創設した[2]。

2 ウォードの理論的背景

ウォードの主著は，『クリエイティブ・ドラマティックス（*Creative Dramatics*)』(1930) と『子どもたちと共にプレイメーキング（*Playmaking with Children*)』(1947, 1957) である。

初期のウォードのクリエイティブ・ドラマは，ジョン・デューイをはじめとする新教育運動の影響を受けて「全人的教育」を強調していた。しかし，後期のクリエイティブ・ドラマになると，ウォードは『クリエイティブ・パワー（*Creative Power*)』(1929) の著者であるメアンズの考え方と作文指導の方法論に強い影響を受け，「想像的創造力（imaginative creativity）」を強調するように変わっていった。

ウォードは，「プレイメーキング」という言葉を用いて，クリエイティブ・ドラマをはじめ，子どもの劇的遊び，人形劇や影絵の人形を使った遊びを包含した。つまり，「プレイメーキング」は，子どものごっこ遊び，パペットを使った劇的遊び，リーダーに導かれたクリエイティブ・ドラマなどのドラマ活動およびドラマ的活動を含めた専門用語である。

> **新教育運動**
>
> 「新教育」は，「旧教育」に対する概念として使われている。新教育運動は，19 世紀末から 20 世紀にかけて，伝統的教科の詰め込み教授等を批判し，子どもの自発性，興味，個性を尊重する欧米で発生した教育改革の運動である。アメリカでは，デューイが伝統的な教育を批判し，子どもから創造性を引き出す理論と実践を展開した。（岩内・本吉・明石，2006，p.138）

---

1 のちにクリエイティブ・ドラマと呼ばれるようになる。
2 この組織は，のちに The Children's Theatre Association of America (CTAA) に発展し，American Alliance for Theatre and Education (AATE) に引き継がれていった。

第2章　ドラマ教育の方法

　ウォードのクリエイティブ・ドラマのアプローチは，アメリカ合衆国で最初の，最も人気のある方法論である。ウォードの指導を受けたジェラルディン・シックス（P.34参照）はワシントン大学で，ネリー・マッキャスリンはニューヨーク大学において，ウォードのクリエイティブ・ドラマを学んだ。それをもとにして彼ら独自のアプローチを展開し，多くのクリエイティブ・ドラマ・リーダーを育成し全米各地に送り出した。

2　活動例

　下記は，ヘレーン・ローゼンバーグがウォードの方法論にもとづく『三匹のくま』を観察したときの記録である（拙訳）。参加者は，7歳の子ども15名である（Rosenberg, 1987, pp.25-26）。

　子どもたちは，『三匹のくま』の物語をすでに聞いたことがあるようで，登場人物の人数を数えていた。予定では，今日でこの物語の劇化を終了するはずだったので，子どもたちは物語全部を演じたがっていた。リーダーは，子どもたちに，「私たちは，まず準備をしなければなりません」と話していた。リーダーは，「森の中へ入っていったときのことを覚えていますか。森はどのようでしたか。森で何をしましたか」と問いかけていた。子どもたちが，次々と答えたあとで，リーダーは一人一人の子どもに森の中で行うかもしれないことをパントマイムで演じるように言った。
　それぞれの子どもは，交替でお互いにデモンストレーションをして観せ合った。特にすばらしいパントマイムをした子どもがいたときは，リーダーが「アンドリューが花を摘んでいたけれど，どんなふうに彼がしていたか，みんなわかったかしら」と問いかけた。全員が花を摘むパントマイムを観せ合った。
　次にリーダーは，「森の中にいるくまは，どんなふうに動くのかしら」

と子どもたちに問いかけた。子どもたちは,「ゆっくりと！」,「4本足で」,「大きな動きで」などと答えた。今度は,全員で森の中にいるくまになる活動をした。

そしてリーダーは,『三匹のくま』の朝食の場面を全員で再演してみることにした。それは,お父さんくま,お母さんくま,赤ちゃんくまがポリッジ[3]を食べる場面だった。リーダーは,15人を5グループに分け,一人一人の子どもにくまの役を振り分けた。これまでにそれぞれ異なる声を使って登場人物を表現したことを子どもたちに思い出させ,振り当てられた登場人物を演じるように促した。

それぞれのグループは,対話のある朝食の場面のリハーサルをした。リーダーは静かに座ったままで,子どもたちが短時間で計画したあとで,それぞれのグループがお互いに場面を観せ合った。リーダーは,パフォーマンスが終わるまで静かにしていて,終了すると,評価の活動を短時間行った。

3 クリエイティブ・ドラマというドラマ教育の考え方

1 目的および学習内容

1920年代のアメリカの新教育運動の教育者たちが,「マス教育から個人に着目した新しい考えを受け入れてきた」(Ward, 1930, p.8) という状況が,ウォードのクリエイティブ・ドラマが学校教育で発展する素地になっていた。従来行われていた演劇作品を上演するための活動は,少数の「演劇的才能」のある子どもとその親たちのものになっていた。これに対して,ウォードは子どもたちが即興的にドラマ活動をする過程に教育的価値を見いだした。ウォードは,『クリエイティブ・ドラマティックス』において,クリエイティ

---

[3] オートミールなどを水や牛乳でドロドロに煮たおかゆのようなもの。

ブ・ドラマは「すべての芸術を統合し，創造的な自己表現を可能にするすばらしい機会である」(Ward, 1930, pp.8-9)と述べている。

初期のウォードは，教育目的について「全人的教育」と「子どもの個人的発達と社会的発達」(Ward, 1930, p.8)を重視していたが，同時にクリエイティブ・ドラマによる子どもの創造性の育成にも着目していた。そして時代を経るにつれて，創造性を強調するように移行していったのである。

ウォードは，後期の著作である『子どもたちと共にプレイメーキング』において，クリエイティブ・ドラマの目的として次の5つをあげている(Ward, 1957, p.8)。

①コントロールされた感情表現を育成すること。
②芸術の中で自己表現の道筋を与えること。
③子どもの想像的創造力を助長し導くこと。
④子どもの社会性と協調性を培う場を提供すること。
⑤子どもたちに自己理解の機会を与え，恐れず自分を表現する経験を提供すること。

ウォードは，単なる子どもの感情表現を推奨しているのではなく，芸術を通した感情の解放をとなえ，さらに「学校のさまざまな経験の中で，芸術は感情を建設的な形式にチャンネルを合わせる機会を与える」(Ward, 1957, p.4)と述べている。

ウォードは，子どもたちが抑圧されてきた感情表現をクリエイティブ・ドラマという芸術形式を通して解放できると指摘している。ウォードは，子どもたちが，放任されて勝手気ままに表現するのではなく，クリエイティブ・ドラマという芸術形式を通して，自己表現することをめざした。

ウォードは，1950年代の教育におけるクリエイティブ・ドラマの使い方について批判的であった。批判点は次の4点である(Ward, 1957, pp.15-16)。

・多くの教師がクリエイティブ・ドラマを学習のための道具として使っている。
・教師がクリエイティブ・ドラマを教育に関係なくレクリエーションとして

使っている。
・教師がクリエイティブ・ドラマをセラピーとして使っている。
・教育課程における美術や音楽と同じように芸術科目でなければいけないと教師が固執している。

　このような使い方ではなく、ウォードはクリエイティブ・ドラマが、次の9つの教育原理に基づいていると述べている（Ward, 1957, pp.17-19）。

①子どもの将来のために準備していることではなく、いま現在をより豊かに生きるための機会である。それが結果的には将来にとって最良のことである。
②教育課程を作成する人は、子どもの自然な興味について考えなければならない。
③子どもは経験から最も学ぶ。
④子どもたちが学ぶことは、彼らにとって本当の意味がなければならない。
⑤子どもたちが自分たちで選択したり創案したり、機会を与えられなければならない。
⑥それぞれの子どもが自信をもてるようにしなければならない。
⑦態度と審美眼が技能より価値づけられなければならない。
⑧子どもたちが教室で民主的にふるまう文化を身につけなければならない。
⑨子どもたちは民主主義のために教育されなければならない。

　つまり、子どもたちに、民主主義の感覚を身につけさせていくことである。この感覚とは、「創造的思考であり、自分の信じることを口に出す勇気であり、他者を思いやる気持ちであり、偏見から自由であるための努力である」（Ward, 1957, p.19）。

　このように、ウォードのクリエイティブ・ドラマの目的は、時代によって強調点が変化している。しかしウォードは、クリエイティブ・ドラマは教科を教える道具ではなく、子どもの個人的成長と社会的成長にかかわり、権利と義務のある民主主義の感覚を育成するものであると強調している。

2 理論

ウォードの初期のクリエイティブ・ドラマは、次の4つの特徴がある。
① 考えをイメージとして表現する機会がある。
② 脚本を覚える必要はなく、せりふやアクションを即興的につくり出すことができる。
③ 独創性を発揮できる場がある。
④ 観ているより参加するほうが楽しい活動である。

これらは、初期のウォードに限らず、一般的なクリエイティブ・ドラマにもあてはまることである。クリエイティブ・ドラマは、とにかく「楽しい（fun）」活動であるということが基盤である。

ウォードが、自分が実験的に実践している活動をクリエイティブ・ドラマと命名したのは、「あらかじめ書かれている脚本の古典的な形式的学習から、独創的なドラマ活動を区別するため造語された用語である」（Ward, 1930, p.3）と説明している。すなわち、「教師が演出して、子どもが決められたせりふを暗記して動かされる活動ではなく、子どもたち自身が考え、想像と感情を表現しながらドラマを発展させていく」（Ward, 1930, p.3）活動をクリエイティブ・ドラマと名づけたのである。

クリエイティブ・ドラマの核心は劇化（dramatization）である。幼児はさまざまな日常的な活動から劇化をごく自然にしてしまう。例えば、「幼児は、馬がギャロップしたり、七面鳥が気取って歩いたりすることから、いきなりハンプティ・ダンプティごっこや感謝祭パーティごっこにつなげてしまう流れを自然につくり出すことができる。また、幼児はドアを叩いて『おはようございます。今日、赤ちゃんは元気かしら、と思って遊びにきたの』と言うやいなや、おままごとを始めてしまう」（Ward, 1930, p.4）ということである。

子どもの年齢が高くなると「プロジェクト学習の一環として、先住民の研究、コミュニティの生活、ギリシャ文明、騎士道などを素材にして、自分た

ちで劇化する」(Ward, 1930, p.4)ことができる。本来のクリエイティブ・ドラマの目的ではないが，グループでテーマにそって調べたり，考えたりして，議論したりすることを通して，教科を教えるために劇化を使う可能性もある。しかし，ウォードが最も重要視したのは文学素材である。ウォードは「文学以外の素材は，子どもの芸術性の育成にならない」(Ward, 1930, p.4)と考えたからである。

　ウォードは，クリエイティブ・ドラマは，さまざまな教科の学習媒体として導入できるけれども，文学を素材にすることにより子どもの芸術的感覚を育てることができると考えた。つまり，文学という芸術に存在するアイデアをクリエイティブ・ドラマによりアクションに変え，これが芸術的体験となり，子どもの芸術性を高めることになる。さらに，ウォードが優れたストーリー・テラーであったことも，素材としての文学を強調する一因になっていると考える。

4 おもな方法論の特徴

◆ 系統性のある石積み型アプローチ

　クリエイティブ・ドラマ・リーダーは，ドラマ活動を「ムーブメント／パントマイム」と呼ばれる非言語の身体表現活動から始めて，「人物づくり」や「せりふづくり」という言語を伴う複雑な活動につなげていく。そして「即興的な劇づくり」をする活動に発展させて，最後に「評価」を全員で行う。この石を積み上げていくような系統的なやり方は，1学期間をかけて積み上げられていくと同時に，毎回のドラマ活動でも行われる。つまり，簡単な活動から複雑な活動へと繰り返されながら進められていく特徴がある。

◆ ストーリーテリングから劇化へ

　ウォード自身が，優れたストーリー・テラーであったため，ドラマ活動に

文学を非常に重視した。ウォードは，はっきりとクリエイティブ・ドラマの「真髄は物語の劇化である」（Ward, 1930, p.4）と述べ，この考えは，初期から後期まで一貫して変わらない。クリエイティブ・ドラマの理論書と並行して，『劇化するための物語（Stories to Dramatize）』（1952）も出版している。この本は，ドラマ活動をするための素材として物語を集めたものである。これらの物語を素材にしてウォードのクリエイティブ・ドラマは展開される。

◆ クリエイティブ・ドラマ・リーダーは案内人

クリエイティブ・ドラマ・リーダーは，演劇作品を制作するときの演出家の役割を担うのではなく，案内人の役割でなければならない。リーダーは，子どもたちが行間を読み取ったり，物語の可能性を知ったりするための案内人である。子どもたちに，あれこれ指示をしたり，登場人物について説明したりすることのほうが簡単で効率がよいかもしれないが，クリエイティブ・ドラマ・リーダーは子どもたちのすることを認め，子どもたちが楽しく感じ，自分たちでやりとげたという経験をもつようにガイドすることが役割である。（Ward, 1957, p.270）

◆ クリエイティブ・ドラマと演劇の上演の関係

ウォードは，演劇作品の上演をすべて否定したのではない。上演することだけが目的の従来の演劇教育活動ではなく，劇づくりをする過程を重視し，結果的に演劇作品の上演に結びつくような，いわばインフォーマルな活動からフォーマルな活動へつなげるドラマ／演劇活動を考えていた。

（小林由利子）

> ◎まとめ
> - **主著**：*Creative Dramatics.*（1930）, *Playmaking with Children*（1947, 1957）
> - **主目的**：個人の発達と社会性の発達，創造性の助長。
> - **理論の特徴**：芸術としてのドラマ。
> - **方法論の特徴**：石積み型アプローチ，物語の劇化，教師の役割はガイド役，演じることを重視，デモンストレーションとして参加者がお互いに観せ合う。

参考・引用文献

- Hearts, A. M. *The Children's Educational Theatre.* New York: Harper, 1911.
- Heinig, R. B. ed. *Go Adventuring! : A Celebration of Winifred Ward, America's First Lady of Drama for Children.* New Orleans: The Anchorage Press. 1977.
- 岩内亮一・本吉修二・明石要一編『教育学用語辞典（第四版）』学文社，2006.
- 小林由利子「Winifred Ward のクリエイティブ・ドラマの考察――実践活動『GOLDILOCKS』の検討を通して」『教育方法学研究』21, 1995, pp.115-125.
- 小林由利子「初期クリエイティブ・ドラマの特徴――『児童の教育的演劇』の影響」『東横学園女子短期大学紀要』43, 2009, pp.51-60.
- 岡田陽・落合聰三郎監修『玉川学校劇辞典』玉川大学出版部，1984.
- Rosenberg, H.S. *Creative Drama and Imagination: Transforming Ideas into Action.* New York: Holt Rinehart and Winston. 1987.
- 佐野正之『教室にドラマを！――教師のためのクリエイティブ・ドラマ入門』晩成書房，1981.
- Ward, Winifred. *Creative Dramatis.* New York: D. Appleton and Company, 1930.
- Ward, ed. *Stories to Dramatize.* New Orleans: The Anchorage Press. 1952.
- Ward, *Playmaking with Children. 2nd ed.* New York: Appleton-Century-Crofts, 1957.

◎ジェラルディン・ブレイン・シックス
クリエイティブ・ドラマ──プロセス・コンセプト・アプローチ

> ドラマという芸術は，自己と世界について知ることであり，学ぶことである。(Siks, *Drama with Children*)

1 背景（成り立ち）

　ジェラルディン・ブレイン・シックスは，ノースウェスタン大学でウィニフレッド・ウォード（P.24 参照）からクリエイティブ・ドラマを学び，同大学大学院終了後にワシントン州シアトルにあるワシントン大学で約 30 年間にわたり多くの学生を指導した。

　シックスは，ウォードの理論と方法論を最も継承した実践的研究者である。特に，シックスの最初のクリエイティブ・ドラマについての著作である『クリエイティブ・ドラマティックス──子どものための芸術（*Creative Dramatics: An Art for Children*）』[1]（1958）にウォードの影響が強く表れている。

Geraldine Brain Siks
(1912-2005)

　その後シックスは，1960〜1970 年代にかけてさまざまなクリエイティブ・ドラマに関する研究プロジェクトにかかわった。このことが，ウォードの文学を重視するという影響を残しながらもシックス独自の理論と方法論を編み出すことにつながり，『子どもたちと共にあるドラマ（*Drama with Children*）』[2]（1977）を出版した。この本は，1983 年に改訂され，シックスの「プロセス・コンセプト・アプローチ（the Process-Concept Approach）」という方法論

1　1973 年，『子どものための創造教育』（玉川大学出版部）という題名で翻訳された。
2　1978 年，『子供のための劇教育』（玉川大学出版部）という題名で翻訳された。

を開発した。シックスは，このアプローチにより，子どもの学習経験を明らかにし，教師がドラマ活動を体系的に計画し実施できることをめざした。

2 活動事例

1966年11月，シックスがリーダーとして5～6歳児とクリエイティブ・ドラマを行ったときの，佐野正之の記録がある。以下は筆者によるその要約である。彼女のクリエイティブ・ドラマは，子どもが描いた七面鳥の絵から始まった（佐野，1981，pp.13-14）。

シックスが，「テクシーが上手に七面鳥の絵を描いてくれました。みんなで七面鳥になってみましょう」と言うと，子どもたちは七面鳥になったつもりで，ぎこちない動きを表現した。シックスも七面鳥の演技をしながら，「さあ，教室が七面鳥の小屋になったみたい！　首の動かし方や，足の使い方が七面鳥そっくり！　おや，この七面鳥は足が何本あるのかな？」と言いながら，子どもたちを動きに注目させるようにした。そのうちある子どもが，手をばたつかせて奇声を上げ，飛び立つ七面鳥を演じ始めた。シックスは，「ほら，飛んでいる七面鳥がいるよ！」と言った。子どもたちは，そのアイディアがおもしろくて，全員が飛び出し始めた。シックスは，「まあ，大変！　七面鳥がみんな逃げ出して大騒ぎ！　さあ，今度，私は狩人よ。鉄砲で撃ちます。パーン！　パーン！」と言った。すると，子どもたちは一羽ずつ床に倒れていった。全員が倒れたところで，シックスは「はい，よくできました」と言った。

シックスは，「次は，アイスクリームになってみましょう。皆さんは，一人ずつ大きな固いアイスクリームになってください」と言った。子どもたちは，思い思いの形のアイスクリームになった。シックスは，「まあいろいろなアイスクリームがあるわ。そこへ太陽が当たりはじめ溶け，だんだんからだじゅうが柔らかくなり，頭が溶け，上半身が溶け，右足

が溶け，左足も溶け，すっかり溶けて床の上で水になりました」と間を取りながら，ゆっくりと動きの指示を出した。子どもたちが全員床に倒れたところで，シックスはショスタコビッチの「小さなバレリーナ」のレコードをかけた。

シックスは，「何か小さなものになりなさい。よく音楽を聞いて，何になるか決めたら，音楽に合わせて動いてごらんなさい！」と言った。子どもたちは，ネズミや蜂や天使やバレリーナになって自由にダンスをした。シックスは，「フリーズ！」と合図をして，子どもたちの動きを止めた。そして，女児をベンチに座らせ，男児が何になってダンスをしているかを当てさせた。それを励まし，評価したあとに，今度は女児がダンスをして男児に当てさせ，同じことをした。

3 ドラマ教育についての考え方

1 目的／学習内容

シックスの『クリエイティブ・ドラマティックス』における主目的は，第1に子どもの成長と発展を助長すること，第2にグループ活動の中で自己認知と協働することである。クリエイティブ・ドラマの経験を通して，子どもは自信と創造的表現，社会性，情緒の安定，身体調整力を発展させ，そして生き方を学ぶ，とシックスは考えている。

さらにシックスは，クリエイティブ・ドラマがジョン・デューイの「learning by doing（なすことによって学ぶ）」という広く受け入れられた教育原理を具現化できると指摘している。そして，クリエイティブ・ドラマが，①構成された学習経験の中で自己認識を提供し，②民主的な態度を直接的に経験でき，③生きるための学習を提供し，④総合的な学習に寄与すると学校教育にも貢献できると述べている（Siks, 1958, p.41）。

シックスは，『子どもたちと共にあるドラマ』において，芸術と言語芸術

としてのドラマを全面に出している。ドラマの目的には，子どもの「表現力と創造力」の育成をあげている。ドラマを通した学習経験によって，子どもたちは，①ドラマを想像し，形成し，表現し，楽しむ，②美的なことを知覚し反応する，③言語的・非言語的に相互にかかわりながらコミュニケーションする，④個人とグループの成果を評価し振り返るための能力を育成する，と考えている。子どもたちが，ドラマを発展させ，内容とコミュニケーションするとき，彼らは情報を探索しアイデアを表現するための基礎技能と基礎知識を獲得する。そして，子どもたちは，他者が話すことをよく聞き，相互に影響し合い，理解しながら判断と創造力を使い，問題解決をすることを学ぶと指摘している（Siks, 1983, p.10）。

このようにシックスのドラマの目的は，当時の学校教育に合致するように変化している。

2 理論

シックスは，ウォードの基本的な考え方である「ドラマは一人ひとりの子どもたちと一緒に学校に入ってくる」という考えに共感した。つまり，ドラマは子どもにとって一緒にいるのが自然なものであるということである。

1950～1970年代初めにかけて，ウォードの理論や方法論と，シックスの実践はほとんど同じであった。1970年代後半から，シックス独自の理論と方法論を展開し始めている。そして，クリエイティブ・ドラマが衰退傾向を示してきたので，シックスは「クリエイティブ・ドラマ」から「ドラマ」と名称を変えた。これは，シックスの主著である『子どもたちと共にあるドラマ』に明確に表れている。この本でシックスは，ドラマを芸術の一つであると強調し，アプローチの体系化を試みながら，教科科目にドラマを位置づけようとした。

シックスの「プロセス・コンセプト・アプローチ」は，劇的遊びをもとにしているアプローチであり，教育の基礎に芸術としてのドラマを教師が使いこなすための体系的アプローチである。シックスのいう劇的遊びとは，何ら

かの見立てあるいは変身のあるごっこ遊びのことである。ここでいう「プロセス」とは，子どもが劇的遊びで自己表現を自然にしていることで，例えば子どもたちが想像したり，役になったり，即興的に動いたり話したりすることである。子どもが劇的遊びでしていることを，教師のもとで構成された活動の中で参加者が経験するのである（Siks, 1983, p.4）。

　シックスのいう「コンセプト」とは，基本的なドラマの要素のことである。例えば，プロット，登場人物，対話である（Siks, 1983, p.4）。これらの要素は，図1に示されるように，プレイヤー，プレイメーカー，観客といった相互に関係する3つの基本的な構成要素から引き出される。そして，プレイヤー（役になる人），プレイメーカー（ドラマをつくる人），観客（観る人）の中央に子どもという学習者が位置づけられる。ドラマの参加者としての子どもは，想像したり即興したりするプロセスにかかわりながら目標に至るように導かれる。

プレイヤー
要素
1. リラックス，信頼，集中
2. ボディ・ムーブメント
3. 五感
4. 想像
5. 言葉，声，スピーチ
6. 人物づくり

プレイメーカー
要素
1. プロット
2. 登場人物
3. テーマ
4. 語法
5. メロディ・サウンド
6. スペクタクル

子ども
役にかかわりながら学習する存在

観客
要素
1. 知覚
2. 反応
3. 評価

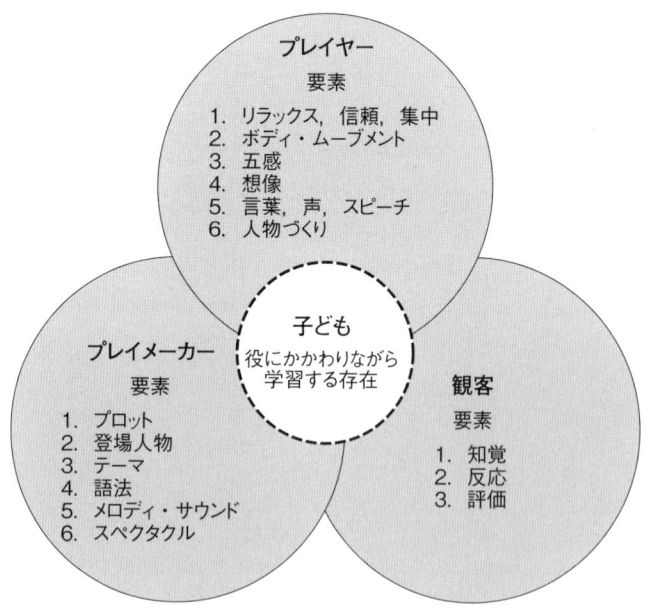

図1　構成要素の概念図（Siks, 1983, p.40）

シックスは、教師と参加者がドラマの本質を理解すれば、両者が学習経験を自ら理解できると考えた。このアプローチを知ることで、教師は、参加者がドラマの内容について探求している間、ドラマ・プロセスに巻き込まれていることを理解できるようになると考えた（Rosenberg, 1981, p.45）。

4 「プロセス・コンセプト・アプローチ」の特徴

▶ 基礎としての劇的遊び

シックスは、子どもの劇的遊びを発展させ、芸術としてのドラマにつなげようと考えている。シックスのアプローチは、劇的遊びという子どもの表現プロセスを伸張して、ドラマを形成するという創造的過程につなげていく方法論である。

▶ プレイヤー、プレイメーカー、観客としての子ども

シックスの考えるドラマの3要素は、プレイヤー（役になる人）とプレイメーカー（ドラマをつくる人）と観客（観る人）である。子どもはドラマ活動でこれらの3つを役にかかわりながら経験する。

まず子どもは、ドラマの過程で基本的にプレイヤーの役割をする。つまり役になり演じる人である。シックスは、子どもはプレイヤーからプレイメーカーにその役割を担うようになると指摘している。プレイメーカーは、ドラマをつくる人である。観客とは、上演される演劇作品をただ鑑賞するだけの観客ではなく、お互いに観せ合う存在としての観客のことである。この経験が、ドラマの過程と演劇作品との関係を理解し、将来演劇を見に行く観客を育てるとシックスは考えている。

プレイヤーの役割には、図1に示されているように、①リラックス、信頼、集中、②ボディ・ムーブメント、③五感、④想像、⑤言葉、声、スピーチ、⑥人物づくり、という要素が含まれている。逆に言えば、このようなことを

子どもが経験し学習する機会があるということである。図1に示されるように，プレイメーカーは，①プロット，②登場人物，③テーマ，④語法，⑤メロディ・サウンド，⑥スペクタクル，という要素が含まれている。観客は，①知覚，②反応，③評価，という基本的な要素が含まれている。

創造的過程としてのドラマ・プロセス

シックスは，ドラマで使われている創造的過程は，教育における学習過程と共通していると考えている。それぞれの子どもは，個々のやり方で創造したり学習したりしていると同時に，プレイヤー，プレイメーカー，観客として，同じプロセスを共有しているのである。

図2に示されているように，このプロセスは，①知覚，②反応，③想像，④創造（形成），⑤コミュニケーション力，⑥評価を含んでいる（Siks, 1983, p.41）。

これらの6つは，個々に分断されているのではなく，相互に関係し合って

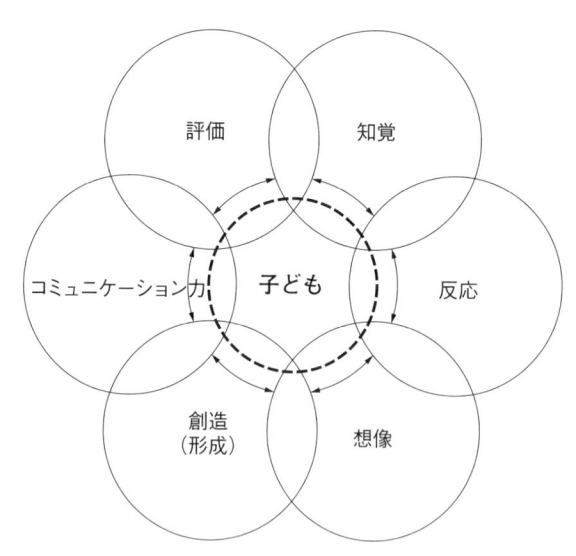

図2　ドラマ・プロセスの概念図（Siks, 1983, p.41）

いる。子どもは，教師の導きにより6つのプロセスを探求しながら学習していく。ドラマ活動を順序に関係なく進める場合もあるし，系統立てて進める場合もある。また，子どもは単一あるいは全体として経験する場合もある。例えば，リラクゼーションで緊張と弛緩を探求するとき，子どもたちは，たぶん反応と知覚のプロセスだけを使うことになる（Siks, 1983, p.41）。

◆ 芸術としてのドラマ

　初期からシックスは，ドラマを芸術としてとらえていた。そして，芸術としての演劇へとつなげるように考えていた。シックスは，芸術としてのドラマとは，普遍的な原理を使って，葛藤解決場面において，想像された登場人物をつくり出す過程であると考えている（Siks, 1983, p.12）。そしてシックスは，ドラマの創造的過程は，教育における学習過程と同じことであると述べている。図2に示されたように子どもは，プレイヤー，プレイメーカー，観客として，①知覚，②反応，③想像，④創造（形成），⑤コミュニケーション力，⑥評価，を経験する（Siks, 1983, p.41）。

◆ 言語芸術としてのドラマ

　シックスは，芸術としてのドラマと言語芸術としてのドラマを強調した。シックスのいう言語芸術とは，「聞く，話す，読む，書く」ことを指している。ドラマを通して子どもは，他者の話を聞いたり，話したりしなければならない。シックスは，子どもたちの聞く，話す，読む，書くといったコミュニケーションが，ドラマ経験の核をなすものであると位置づけている。したがって，学校教育にドラマを導入することは必要である，とシックスは結論づけた。さらに，シックスが国語（English）と言わずに，言語芸術と言っているところに，シックスの芸術としての英語，芸術としてのドラマ，という基本的な考え方が表われている。

教えるための道具としてのドラマ

シックスは，ドラマを教師が子どもたちに教科を教えるときの道具として使うこともできると指摘している。しかし，それはあくまで，子どもたちが社会科の授業で歴史的エピソードにおける想像された登場人物を行為とせりふで即興するようになる前に，彼らはプレイヤーとしての集中力，想像力，身体調整力を身につけなければならない，と考えている。つまり，子どもたちがドラマをドラマとして学んだあとに，教師はドラマを使って教科を教えることができる，ということである（Siks, 1983, p.11）。　　　（小林由利子）

> ◎まとめ
> - **主著**：*Drama with Children*.（1977，1983）
> - **主目的**：表現力と創造力。
> - **理論の特徴**：プロセス・コンセプト・アプローチ。
> - **方法論の特徴**：芸術としてのドラマ，言語芸術としてのドラマ，プレイヤー／プレイメーカー／観客という３構成要素。

参考・引用文献

- 小林由利子「クリエイティブ・ドラマの変遷―― Geraldine B. Siks の方法論の検討を通して」『児童研究』73，1994，pp.11-17.
- 小林由利子「日本の演劇教育の多義性――英米のドラマ教育の視点から」『東横学園女子短期大学紀要』42，2008，pp.47-56.
- Rosenberg, H. S. *Creative Drama and Imagination: Transforming Ideas into Action*. New York: Holt Rinehart and Winston. 1987.
- 佐野正之『教室にドラマを！――教師のためのクリエイティブ・ドラマ入門』晩成書房，1981.
- Siks, Geraldine Brain. *Creative Dramatics: An Art for Children*. New York: Harper, 1958.
- Siks, *Drama with Children*. New York: Harper Collins Publishers. 1977.
- Siks, *Drama with Children. 2nd ed.*, New York: Harper & Row. 1983.
- シックス，G.B.（岡田陽・高橋孝一訳）『子供のための創造教育』玉川大学出版部，1973.
- シックス（岡田陽・北原亮子訳）『子供のための劇教育』玉川大学出版部，1978.

子どもたちの演劇（Children's Theatre）

「子どもたちの演劇」という言葉は，日本では「児童劇」と同じような使い方がされている。一つは，子どもたちが演劇作品を上演するためのリハーサルと上演を含めた演劇活動のことである。つまり，子どもたち自身が観客として存在する舞台で演劇作品を上演することである。

もう一つは，子どもを観客対象にして，大人の俳優たちが演劇作品を上演することである。この場合，俳優に子どもも含む場合もある。近年，この活動は，子どもによる演劇と区別して，「児童演劇」と呼ぶ。

(小林由利子)

児童演劇（Theatre for Children）

児童演劇とは，児童を観客対象にした，脚本（一つの物語の場合もあるしオムニバス形式になっている場合もある）に基づき，プロの俳優，演出家，脚本家，照明・舞台美術デザイナー，音楽家等によって制作される演劇作品および上演のことを指す。年齢により乳幼児演劇（Theatre for Young Children），児童演劇（Theatre for Children），青少年演劇（Theatre for Young People）と呼ばれている。近年は総称して，児童・青少年演劇（Theatre for Children and Young People）と呼ばれる場合が多い。

(小林由利子)

ユース・シアター（Youth Theatre）

1970年代にオーストラリアで政府の政策の一つとして始まった青少年による，青少年のための演劇活動である。俳優，演出家，脚本家などすべてが青少年により行われることが特徴である。

(小林由利子)

◎ ブライアン・ウェイと Drama in Education
「ドラマ教育とは何か」を教えてくれた演劇教育者

> 教育は個人のものであり、ドラマは個人の個性のものである。つまり、各々の人間の特別な本質に関するものである。「二人として同じ人間はいない」のは外観上だけでなく、内的な感情にしても想像力にしてもその通りである。（ウェイ『ドラマによる表現教育』）

1 ブライアン・ウェイの位置づけ

　とくに日本では、演劇と教育の関係に興味をもった多くの人々が最初に手にした参考書が、ブライアン・ウェイの『ドラマによる表現教育（*Development through Drama*）』（原書は1967、邦訳は1977、岡田陽・高橋美智訳、玉川大学出版部）だという状況が長く続いた。ひょっとすると、いまでもその状況の基本的なところは変わらないのかもしれない。それほど、演劇と教育においてウェイの著作は古典的な価値をもち、と

Brian Way
(1923-2006)

りわけ日本では、この訳書が長い間、演劇教育やドラマ教育を考えるうえでの入門的な理論書であった。すでに半世紀近く前の著書である。ジェラルディン・シックス（P.34参照）のクリエイティブ・ドラマに関する訳書（『子供のための創造教育（*Creative Dramatics. An Art for Children*）』1973、『子供のための劇教育（*Drama with Children*）』1978、玉川大学出版部）もほぼ同時期に2冊あった。現在からみれば、シックスの試みのほうが方法論的にも明確で、新しい演劇教育の理念を提示しようとするものであるが、ウェイの訳書はその後も断続的に増刷され続け、シックスの訳書は現在ではなかなか入手できない。

刊行当時もいまも，子どもとの演劇実践活動に長年携わってきたウェイの，どちらかと言えば実践的な志向に即した演劇教育入門書は，多くの人にとってわかりやすい手がかりになってきたことは間違いないだろう。とくに演劇教育やドラマ教育について考えようとしたときには，この書は，次の図のように人間を全人格的にとらえようとする態度を含め，多くの人々にとって納得のできるものであった。

2 ウェイの「ドラマ教育」

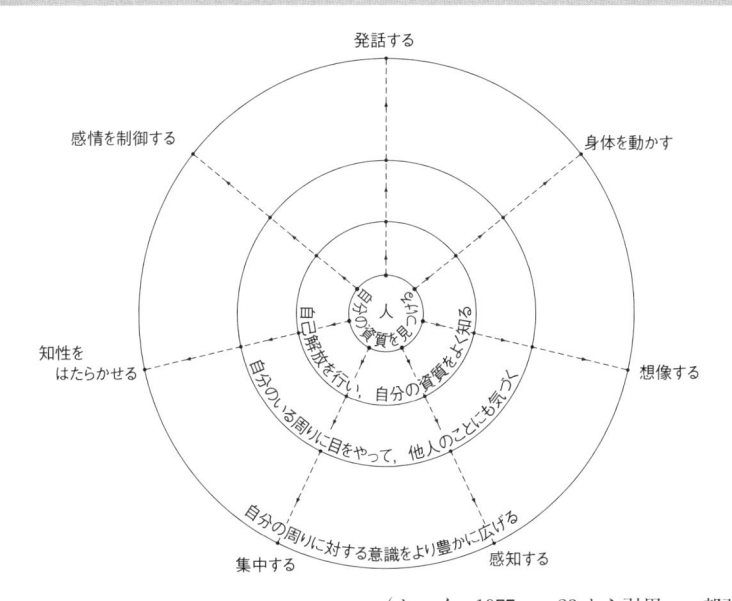

（ウェイ，1977, p.23 から引用，一部改変）

情緒的なものや精神的な状態も含めた人間の言動を7つの方向性に分類し，これに社会的存在としての人間のあり方と組み合わせて，同心円的に配置させる形は，画期的なものだったのであろう。同心円は，

　　　環境の認知（一番外側の円周）
　　　他者の認知（二番目の円周）

自己解放と自己理解（三番目の円周）
　　　自己実現（中央の円周）
と解することができる。自己実現が中央に集中していくイメージは，理論的に問題がないわけではないと思われるが，当時の教育者たちにとっては十分に説得力をもっていた。
　この図は，いわばウェイの「人間理解」とでもいうべき，教育活動，演劇活動すべての基本となる考え方である。人間の教育は，この４つの同心円と７つの活動ラインの交差点において行われ，それはすべての年齢段階において想定しうる学習課題なのである。
　もちろん，その交差点に浮かび上がる課題の様相は人によって異なる。しかし子どもでも大人でも，男性でも女性でも，芸術家でもビジネスマンでも，感覚をはたらかせて環境や周囲の状況を知覚することが必要なこともあれば，まさに言葉によって自己を主張しなければならない場合もある。からだを動かして他者とかかわらなければならない場合もあれば，想像力をはたらかせて他者の気持ちを理解しなければならない場合もある。これらすべてを，演劇の活動において有効に活性化させる，ドラマによって人間を発達させることができる，それがドラマによる発達ということなのである。
　このような全人的教育の考え方に基づくウェイのドラマ教育において，もっとも影響力のあった基本コンセプトが二つある。一つは，ドラマ教育がほかの知識教育と異なってどのようなものなのか，という説明であり，もう一つは，このドラマによる教育では観客を排除するという考え方である。

ウェイの「ドラマ教育とは何か」への答え

・ドラマ教育とは直接的な経験に基づくものであり，知識情報の伝達ではない
・ドラマ教育は演ずる者が学ぶための活動であり，観せるためのものではない

1 ドラマ教育と知識教育の違い

まず，知識教育とは異なる，ドラマによる教育とはどのようなものか，という問いに，ウェイは『ドラマによる表現教育』の冒頭で次のように答えた。

　ここに「盲人とは何ですか」という質問があったとする。答はきっと「盲人とは目の見えない人のことです」となるだろう。しかし，こんな答も考えられはしまいか。「目を閉じてごらん。ずーっとつぶったままでいるんだよ。この部屋の出口を探してごらん」。初めの答はまさしく正確な情報であり，知的満足を与えるものである。後の答は直接経験に訴え，知的理解を越えて，心と魂に触れるものである。これが端的に言ってドラマの役割である。（ウェイ，1977，p.13）

このような，印象深く非常にわかりやすい説明によって，多くの入門者が，ドラマ教育は「知識教育とは異なり」，「直接的経験に訴える」，「心と魂にふれる」ものであると理解した。

2 観客の排除

もう一つの「観客の排除」という基本コンセプトについては，ウェイはドラマ教育がさきに示した同心円の各点で行われることを説明し，具体的には五感を使ったり，スピーチしたり，知性を働かせることであることを説明したのち，以下のように記している。

　これら総ては集中する能力に関わっている。（中略）集中するのを妨げるもの，挫折させるもの，総てを壊してしまういろいろの要因がある。その最たるものは観客である。自分のしていることを見られている時，集中する態度は二つに分れてしまう。一つは，実際に行っていることで，もう一つは，見ている者への迎合である。このことを楽しむ者もいるし，

嫌う者もいる。よい刺激になるかもしれないし，妨害になるかもしれない。が，われわれの態度がどうあっても，集中することが二つに割れてしまうのは事実である。このような理由から，就学前の児童から成人まで，他人に見られる心構えができるまで，観衆の目を避けた方がよい。いつ心構えができるかを測ることは易しいことではない。小・中学校の子ども達自身，この時期を判断することはできない。そして，大人が観客の目から守ってやらなければならない。（ウェイ，1977，p.24～25）

このようなコンセプトによって，ウェイ流のドラマ教育は多くの教師にとっての入口となり，以降のドラマ教育，芸術教育の位置づけにも影響を与えたのである。

3 ウェイ自身の活動

ウェイは1923年にイギリスのサセックスで生まれた。イングランドで最古の常設劇場といわれるブリストル・オールド・ヴィックで演劇活動に携わり，ピーター・スレイド（P.52参照）などから影響を受けて演劇と教育の関係を考えるようになる。1943年から1949年までウェスト・カウンティ児童劇団を共同で創設していたが，30歳を過ぎて，ロンドンで固定契約のない俳優たちと活動するようになって注目され，1953年，ロンドンに「シアター・センター」を開設，すべての年齢層の子どものための劇を多数，創作し，発表した。

ちょうどこのころ，イギリスでドラマ教育または演劇教育が学校教育に取り入れられるという動きがあった。イギリスの学校教育は基本的に地方行政と学校長に任せられていたが，1960年代に大学の教員養成課程にドラマ教師養成の課程ができ，そこを卒業した教師たちが学校教育で「ドラマ」の授業を担当するようになった。1960年代末の段階で，ロンドン市内の教育委員会管轄の小中学校において，「ドラマ」の授業が時間割にあるのが，小学

校では半数，中学校でも6分の1に及んだ。

　また，1970年代半ばには，イングランドとウェールズの地方教育委員会のうち，約3分の1強で「ドラマ・アドバイザー」をおいている。つまり，1970年代にはイギリスにおいて，学校教育の中にドラマが位置づけられ，認知されるようになったのである。ウェイの著作は，ちょうどそのころ，学校教育へのドラマの導入の時期に刊行されている。

　1977年にはシアター・センターから引退し，各地の大学等で教えるいっぽう，1983年にはカナダのトロントに移住，2006年に当地で亡くなった。トロントは現在，ドラマ教師養成の大きな拠点の一つである。イギリスでは現在でも，ブライアン・ウェイは児童演劇と結びつく名前として記憶されている。

4　ウェイのドラマ教育と他のドラマ教育，またはシアター教育

　このようなウェイ自身の活動を追うと，その履歴は一般的な演劇人ないし俳優のものであって，演劇教育者特有のものではない。それは，イギリスの演劇が教育と大きな齟齬なく活動してきたことの証左とも言える。ウェイの「ドラマ教育」理論は，それ自体の特性というよりは，スレイドや，場合によってはコールドウェル・クック以来の，イギリスにおける演劇教育の伝統を受け継いでいる。そして同時に，イギリスの公教育における経験重視や集権的画一化忌避といった特性を引き継ぐもので，それ自体がとりわけ新鮮味があったとはいえない。

　その内容を精査すれば，そもそも演劇教育において従来の演劇上演や演劇鑑賞（場合によってはプロの演劇人による指導を行う，という意味で，Theatre in Education と呼ばれる）ではなく，子どもの活動の自主性を重視した即興的活動や，そこでの指導者の援助が重要であると指摘したのはスレイドであって，ウェイはそれを引き継ぎ発展させたといえる。全人的教育の理念や教育における直接的経験の重視も，すでに新教育の思想から20世紀

初頭に多くの理論家によって主張されていたものだ。

　しかし，すでに紹介したように，「ドラマ」の授業が学校教育に流れ込んで来る時期にあって，「ドラマ教育とは何か」ということに，ウェイはきわめて明快かつ説得力のある解答を与えていたのである。そしてその著作の後半では，実践的な指導についての具体的なアドバイスがあった。つまり，①全人的教育という教育的理念，②ドラマ教育における直接的経験の重視，③観客を排除するというドラマ教育の明確化，④演劇初心者にも理解・実践可能な具体的な指示や図解，によって，演劇教育の入門教科書の位置づけを獲得したのである。

　その後，このウェイが入口を開いたドラマ教育は，イギリスのドロシー・ヘスカット（P.54参照）によって大きく発展させられることとなった。それとともに，アメリカやその他の国々のドラマ教育の実践者によって，それぞれの重点項目により「クリエイティブ・ドラマ」「プロセス・ドラマ」「Drama in Education（DIE）」などの名称によって呼ばれることになる。つまりウェイの実践と理論は，その後の Drama in Education が発展分化する前の，時代状況に見合った入門理論だったということになるであろう。

5　ブライアン・ウェイの位置づけ直し

　振り返ってみると，ウェイの「ドラマ教育」は，よい意味でも悪い意味でも，従来の近代教育を補完完結する内容だったことがわかる。そもそも人間の完全性をめざす全人的教育はその人間中心主義という点で，近代教育の申し子そのものであり，最終的には個人としての完全な自立をめざすという点で，その目的を共有している。

　近代の公教育は，一度子どもをその出自から引き離し，その差異を抹消して近代社会の合理性に対応させるためのスキル・トレーニングと普遍的知識提供に偏っていた。それを，経験，個性，感性の面で補完する必要があったのであり，ウェイのドラマ教育はまさにこれに見合っていて，近代教育そのも

のを侵すことがなかった。それが，演劇教育の非専門家や初心者，だれよりも学校教育関係者にウェイが受け入れられた理由でもあるのではないか。

そうしてみたとき，まずウェイの著作のわかりやすさは認めながらも，その時代状況に応じた折衷性と，教育の歴史的な展開の中にある限界を十分に理解したうえで，その著作を活用する必要があるだろう。 （中島裕昭）

> ◎**まとめ**
> - **主著**：*Development Through Drama.*（1967／岡田陽・高橋美智訳『ドラマによる表現教育』玉川大学出版部，1977）
> - **主目的**：観せることを排除したドラマ教育。
> - **理論の特徴**：教育の前提としての全人主義と，ドラマによる感性・情緒の発達促進という近代教育の補完。
> - **方法論の特徴**：わかりやすい教育観と，具体的な例示・図解。

参考・引用文献

- 小林由利子「イギリスのドラマ教育の考察（1）〜（12）」『川村学園女子大学研究紀要』6-18, 1995-2007.
- 岡田陽「ブライアン・ウェイ その人と業績」日本演劇教育連盟編『世界の演劇教育に学ぶ（演劇教育実践シリーズ18）』晩成書房，1988.
- 清水豊子「イギリスの演劇教育の展望——教科としてのドラマの誕生」『千葉大学教育学部研究紀要（第1部）』34, 1985.

ドラマ教育とイギリスとピーター・スレイド

　多くの演劇教育関係者が認めるとおり，演劇教育のルーツはイギリスにある。そしてまた，多くの日本の演劇教育の実践者・理論家にとっての嘆きは，イギリスにおける演劇のステータスの高さである。教育における演劇の位置づけということを考えたとき，とりわけ学校教育との関係におけるモデルはイギリスが提供してきた。それは何よりも，国語（つまり英語）教育の中にシェイクスピアの伝統をもっているという強みによるものであった。

　「シェイクスピアは必ずしもイギリスの演劇教育の中核的存在とはいえないが，聖書の物語などと同様，演劇教育の多様な試みを支える大切な土台であることは間違いない。（中略）イギリスの演劇教育は，言語文化を継承し，自国語を美しく豊かに使えることから人格形成までを含むさまざまな目的をかかえながら，さまざまなドラマの可能性を今なお模索中であるが，演劇教育の分野でこれほどオリジナルで豊かな土壌をもつ先進国は今のところ他に見当たらない」（清水，1985，P.256）と言われるほどであった。

　イギリスの演劇教育をまず一つの形として示したのがピーター・スレイド（1912-2004）である。早熟の演劇人であった彼は，教育を専門とする初の職業劇団を創設，第二次世界大戦後のイギリス演劇教育において欠かせない存在となった。イギリスのすべての州でドラマ教育に関する助言をし，イギリスで最初のドラマ・アドバイザーとなり，1948年に統合された「演劇教育連盟」の初代会長となった。スレイドは，子どもの演劇は，「それ自体が芸術形式」である，という児童中心的考えの持ち主だったが，子どものための演劇，子どもによる演劇の独自性を主張し，その後のイギリスにおけるドラマ教育に道を開いた。

（中島裕昭）

参考文献：清水豊子「現代社会とピーター・スレイド卿のパイオニア精神」『演劇と教育』394，晩成書房，1989．
　　　　　　清水豊子「イギリスの演劇教育の展望――教科としての『ドラマ』の誕生」『千葉大学教育学部研究紀要（第1部）』34，1985．

ロールプレイ

　私たちの生活の中でのロールプレイは一対一的なカウンセリングや集団精神療法的な場面に限らず，もっと広い意味にも使われている。例えば看護のやり方を看護師役と患者役となって練習するなどの一種のシミュレーションとしていろいろな技術訓練の場面にもみられる。

　ロールプレイの特徴としてはおもに以下のような点があげられる。ある社会的な役割，立場になってみるものが多いこと。ほかの人の立場に立つことでその問題について，あるいは状況について俯瞰，客観視できること。また，参加者とのディスカッションでその問題にどう対処するのか，解決策はないのかを多角的に考えることができること。演劇と大きく異なる点は，完成された形で観客に見せる，ということが目的ではないこと。ロールプレイというからだを使った活動をする過程で，参加者一人一人の内面が動き，また参加者自身がそれに気づき，新たなものの見方や考え方ができるようになることをめざす。

（吉田真理子）

サイコドラマ

　サイコドラマは，ジェイコブ・モレノ（1889-1974）が第一次世界大戦後のウィーンで始めた自発性劇場という筋書きのない即興劇に，個人の抱える問題を解決する糸口をみつける治療的側面があることに気づいたことがきっかけで考案された心理療法の一つで，心理劇と訳される。

　サイコドラマと比較して語られる心理療法にドラマセラピーがある。ドラマセラピーは，音楽療法や絵画療法などと並ぶ芸術療法の一つである。ドラマセラピーのルーツに，アクションメソッドとしての心理療法であるサイコドラマがあると説明する研究者もいる。サイコドラマが個人に焦点を当てるのに対し，ドラマセラピーは集団のプロセスを重視する。また，サイコドラマのように主役の実生活における問題そのものを使ってセッションを始めるのではなく，現実から距離をとった想像やフィクションの世界を使って進められるところもサイコドラマとの相違点となっている。

（吉田真理子）

◎ ドロシー・ヘスカット
Drama in Education

> ドラマは，柔軟性に富んだものである。なぜなら，ドラマの展開についての判断や決定権は，教室の子どもたちの手に委ねられているからだ。そして，教師は助産師の役割を担う。
> (Heathcote, *Collected Writings on Education and Drama*)

1 生い立ち

　ドロシー・ヘスカットは，1926年，イギリスのウェストヨークシャーで生まれた。14歳の誕生日を迎える一か月前に学校をやめ，機織工場で働く。第二次世界大戦勃発により男性機織職人が不足していた時代でもあり，早朝から夕方まで長時間にわたる労働に携わった。将来映画女優になることを幼少時から夢見ていた彼女に転機をもたらしたのは，のちに喜劇女優として活躍するモリー・サグデン[1]との出会いである。

Dorothy Heathcote
(1926-　)

ヘスカットはサグデンに発声法を学び，まもなくアマチュアの演奏家たちとカルテットを結成し，レシテーション[2]やミュージカルナンバーを歌ったり，また演劇集団に所属して活動したりもした。1945年，ヘスカットはブラッドフォード・シビック・シアター・スクールの入校オーディションに合格する。これはヘスカットにとって女優としての道が開けたことを意味するいっぽう，体を壊した母親の代わりに働いていた機織工場を辞めることをも意味

1　Mollie Sugden（1922-2009）。イギリスの喜劇女優。テレビのシチュエーション・コメディなどで人気を博した。
2　著名人のスピーチや，物語，詩などを，聴衆の前で暗唱・披露すること。

しており，自責の念に駆られる選択でもあった。ここで学んだルドルフ・ラバン[3]の理念をもとにヘスカットはのちにアマチュアのグループを指導していくことになる。後年，ヘスカットは自分の大柄な体型ゆえプロの女優になることを断念したと語っているが，スクールの課程の終わりにさしかかるころ，スクールの校長から演劇の指導者を養成してほしいと説得され引き受ける。その後，ヘスカットはダラム大学で講師となり，引き続きニューカッスル・アポン・タイン大学に職を得て36年間にわたり教員養成にあたった。

2 ドラマの理念

　長い間，ドラマスペシャリストの養成に目を向けすぎたことは，スペシャリストと，そのような特別な訓練を受けていないごく普通の教師との間に，子どもたちとのかかわり方に大きな隔たりを生じる結果を招くことになったとヘスカットは考える。ヘスカットにとってドラマは何か特別なことではなく，未知ゆえ不安を覚える出来事を控えた人が普通に使うテクニックである。

　例えば大事なインタビューを控えて，その状況を思いえがいたり，ときには実際に声に出したり動いたりしてみることもあるだろう。そのようにドラマ化することで，人はその未知のことに対する不安を軽減し自分をコントロールする力をつけることにもなる。私たちはまた，例えば手術やけんかといった自分を動揺させたり悩ませたりするような経験を受け入れて生きていくことを学ぶためにドラマを使う。そのショックと詳細を追体験することでその出来事を消化し，そして許容できるようになるのである。

　ヘスカットはドラマを「演出」するのではなく，子どもたちから「引き出して」いく。つまり，ドラマにおける出来事，時，場所を決めるのは子どもたちである。この子どもたちに決断を委ねられているドラマのなかでヘスカットが留意するのは，そのドラマにかかわるすべての子どもたちが真剣に取り組む姿勢を崩さないよう導くことである。その真剣さが不足すればドラ

3　Rudolf von Laban（1879-1958）。オーストリア出身の舞踏家。

マを信じる気持ちも失せ，ドラマそのものが消えてしまうからである。一般に，ドラマは対立，葛藤に基づくものと見なされているが，ドラマは緊迫感によって形づくられていくというヘスカットの考えがここに表れている。

　ヘスカットが子どもたちに決断を委ねる理由は二つある。一つは，子どもたちに主体性をもたせることが彼らをドラマにひきつけ，彼らの興味こそがドラマそのものを成り立たせるからである。もう一つは，ヘスカットの教育理念に基づく。彼女にとって教育に不可欠な要素は子どもたちに危険をおかす経験をさせることにある。教案をもとに授業を進めるアプローチと違って，ヘスカットのドラマは即興的にコンテクストが形づくられていくため，教師も子どもたちとともに冒険する。子どもたちがドラマを展開していくうえで暗礁に乗り上げるような決断をする場面では，教師がその決断の危険性に気づかせ，ほかにとるべき方法の可能性を考えさせる。また，ドラマに既成のあらすじはなく，シナリオは子どもたちとともに即興的につくられるため，結果は予測がつかない。とはいえ，教師側にはそのドラマ活動を行う目標があるはずなので，子どもたちからどのような反応が返ってきそうか，その反応をドラマの最終的な目標に向けてどのように取り込んでいけそうかのストラテジーを前もってある程度想定することはできるだろう。

3　ドラマの素材

　ドラマは物語のあらすじをたどることではない。「シンデレラ」を例にあげてみよう。物語は，シンデレラが父と二人の継姉妹，継母に囲まれているところから始まる。継姉妹は舞踏会に行くがシンデレラは行かれない。そこへ妖精が現れて，シンデレラも舞踏会に行かれることになるが，時計に注意を払わないまま時間が過ぎる。あわてて会場を去るとき，シンデレラはガラスの靴を落としていく。王子の家来たちはその靴の持ち主が，シンデレラであることをつきとめ，物語はめでたしめでたしで幕となる。

　「シンデレラ」の物語では以上のようなエピソードが叙述的に語られ，一

つ一つの出来事はお互い因果関係をもちながら進んでいく。これをドラマの視点からみてみるとどうなるか。

ヘスカットがある17歳のグループの子どもたちに「シンデレラ」とはどんな話かを尋ねたところ，彼らにとってそれは，お膳立てはするけれども肝心なときにはそこにいない妖精の話ということであった。そこで彼らがドラマで探ったのは，妖精が果たして自分のとった行動が招く結果を知ることはあるのか，妖精というのは例えば人の話に耳をかたむけるなどもっと人の役に立つことがありうるのか，であった。

また，警察学校の生徒たちにとって「シンデレラ」は王子の護衛にあたる者たちの話であった。

全員未婚で妊娠している18歳の少女たちのグループにとって「シンデレラ」は，ストッキングを1枚も持っていない女の子と，ストッキングを持っているのに貸してあげようとしない2人の女の子の話ということだった。そこでヘスカットは，1人の少女に床を磨く態勢をとらせ，その間，ほかの少女たちはそれを冷やかす。そういう状況下でその床を磨く少女が何をするか，どう感じるか，それがこのグループにとって気になることであれば，この物語の次の場面へと足早に進むのではなく，この場面にとどまることがその少女たちに考えさせる手助けになるとヘスカットは言う。このグループにとって「シンデレラ」は，自分が妊娠したことへの怒りを拭い去る安全弁として働いていることを，ヘスカットは教師として感じ取っているのである。

また，この物語の果たす役目が終わったときというのは，少女たちの興味が失せていくことでわかる。そこで教師が「シンデレラには何か怒りを覚える対象があったと思う？」という問いかけを発し，少女たちがそれについて考えることができれば，少女たちの普遍的な人間性への理解が深まっているといえる。そしてそれに続けて，「シンデレラみたいに怒りを覚えるもっともな理由がある人はほかにだれがいる？」と教師が質問し，シンデレラのようにきょうだいから侮辱された人たちというカテゴリー（ヘスカットはこれを「同胞コード」Brotherhoods Code と呼んでいる）から探すうち，例えば

旧約聖書創世記に登場する，兄たちのねたみでエジプトに売られたヨセフの物語にいきあたり，それが次のドラマの素材となるかもしれない。

　ここで見逃してはならない重要な点は，ヘスカットにとってドラマそのものを展開することが授業のなかにドラマを取り入れる目的なのではなく，ドラマはあくまでも子どもたちが人類の普遍的な経験に気づき理解を深めるための手段ということである。そして，子どもたちに気づかせ，考えさせ，理解を深めさせるためのドラマの舵取りをしていくにあたってヘスカットが開発した方法論が，次項で紹介するティーチャー・イン・ロールである。

4　おもな方法論とその特徴

1　ティーチャー・イン・ロール

　ティーチャー・イン・ロールとは，教師がドラマ中のある役になって，子どもたちをドラマ世界に引き込む方法論である。教師が選べる役の立場は，①リーダー的存在，権威のある人，②身分や地位の低い人，社会の周縁にいる人，③①と②の中間に位置する，従属的補佐役的存在や仲介役の3種類がある。ヘスカットが好んで選ぶのは，一等航海士や現場監督，シーザーの使者，医者の助手といった③にあたる立場の人間である。①のように最も高い地位と権力を有する立場の役はなるべく子どもたちにやってもらう。実際，子どもたちのなかには地位の高い役を進んで志願する子がいるものである。あまり権力のある役を教師が選んでしまうと，子どもたちは教師にリーダーシップを期待してしまう。いっぽう，あまりにも力のない役を教師が選ぶとドラマの収拾がつかなくなり，結局教師はその役を降りて，教師の立場で対処しなければならなくなる。

　以下，ヘスカットによるティーチャー・イン・ロールのガイドラインをみてみよう：

　A. 教師が役にとどまるのは必要最低限にすること

B. ノンバーバル（非言語的）な手段で情報を提供すること
　C. ドラマに参加するグループが一丸となるために役を使うこと
　D. グループから説明を引き出すために役を使うこと
　まずAについて，教師が役になるのは，ドラマへの導入段階で，参加する子どもたちの気持ちが一つになってそのエネルギーが流れ始めるのを手助けするためであるので，教師は必要以上にその役にとどまらないようにとヘスカットは自らの経験から警告している。
　Bについては，ノンバーバルな手段を使っての情報はふんだんに与え，対照的に言葉（バーバル）による情報伝達は最小限にとどめる，ということである。授業はとかくティーチャートークになりやすい状況が多いが，ヘスカットはドラマのなかでノンバーバルな手段（例えばため息や肩を落とした姿勢など）を多く使い，子どもたちに状況やヘスカットがどういう役なのかを読み解かせる。ヘスカット自身が役に入って発する言葉は少なく，その分一つ一つの言葉に重みをもたせる。これは，コミュニケーションが，言語だけでなくパラ言語（声色や舌打ちなど），キネシックス（伝達手段としてのジェスチャーや態度，姿勢など）の3つを柱としており，言語以外の比重が大きいという考え方に即している。また，このBはAとともにCの「グループを心理的に結束させること」へと向かうための準備ともいえる。
　Dはまた少し角度を変えた役のあり方である。ヘスカットがDの目的のために好んで選ぶアウトサイダー的役として，グループが形成しているコミュニティに属さない外部からの訪問者（例：事実を調べに来たレポーター，王様に報告する任務を負う使者など）がある。別のアウトサイダー的役として，グループの決断に同意できない人物というのもある。その役になることで，子どもたちがその人物をどう説得するか，仲間とどのようなやりとりをするか，といった課題を子どもたちに提供するのである。
　以上，ヘスカットが選ぶ役についてみてきたが，彼女はドラマの間ずっと役のままでいるわけではない。役に入ったり役から抜け出して教師の顔に戻ったり，また別の役を選んだりと役の出入りを行うことが特徴的である。

そして，その過程で教師のままなのか役に入っているのか境界線のはっきりしない位置を意識的にとることもある。それをヘスカットは「影のような役（Shadowy Role）」と呼ぶ。ヘスカットがこのスタンスをとるのは，参加している子どもたちがまだ教師のリーダーシップなしにドラマに入る準備ができていないときや，ドラマの方向性を定める決定権を子どもたちに委ねるにあたり選択の幅をできるだけ広くとっておきたいときである。また，参加者が精神的な問題を抱え集中力を保つことが困難なグループとドラマをつくる状況に遭遇したヘスカットは，ティームティーチング的な方法を試みている。相方に特定の役を振り，自分は影のような役になって子どもたちの注意を相方のほうに喚起させてドラマを展開していくやり方である。その際，相方は役を象徴する衣装を身につけて，その役にふさわしい態度をドラマが終わるまで保持する。その存在はグループをひきつけ子どもたちの反応を引き出し，ドラマに緊迫感を与え，そして子どもたちの理解を深める助けとなる。

2 専門家のマント

　子どもたちが専門的集団の役になって課題に取り組むロールプレイである。この方法論では，どういう役なら子どもたちが入りやすいかではなく，どういう状況設定（例えばサービス業，慈善事業，企業，専門職など）のドラマにするかを考えていく。それは，子どもたちに何を学ばせたいかによっておのずと定まる。ヘスカットがこの方法論を試すなかで，小学生を対象に行った例をみてみよう。

　ヘスカットは，子どもたちがエリザベス朝建築に関心をもてるようにドラマをやってほしいと依頼される。折しも，エリザベス朝時代に建てられた家に住む人から，監督つきであれば子どもたちに家を開放し見学してもらってもよい，という申し出がある。そこでヘスカットは子どもたちに手紙を書く。自分はあるエリザベス朝時代に建てられた家を購入したいと思っているが，なにしろ車椅子生活を送っている身である。そこで，その家をどう改造したらよいか，専門家としてのアドバイスがほしい。子どもたちは，車椅子に乗

るヘスカットとその家の前で初めて会う。そして，一生懸命その家を見て周り，彼女へのアドバイスを考える。

　ギャビン・ボルトンは，ヘスカットの伝記のなかで，このプロセスは子どもたちにとってエリザベス朝建築への大きな学びとはなったものの，ヘスカットを本当の買い手と信じ込んでいたため，これがロールプレイだったことをあとから知らされ非常に気分を害した，という後日談つきで語っている（Bolton, 2003）。

　「専門家のマント」の例を，もう一つ簡単に紹介しよう。ヘスカットがアメリカで，子どもの言語能力の発達に関心のある教師対象のセッションを使って，小学3年生から6年生までの子ども30人と行った10日間にわたる活動である。

① 主催者からの依頼：主催者からの依頼は「アーサー王伝説を使ってほしい」ということだった。ちょうどテレビでアニメ版が放送され，なじみのある子どもたちもいるだろうという予測からで，この活動を通して子どもたちが自然に読み書き，小グループや全体での議論，自己評価，編集，発表に携われるようにというのがねらいであった。

② 状況設定：BBC から手紙での依頼。それによると，現代アメリカの養蜂専門家に，アーサー王の騎士の一人グワルフマイがアーサー王に忠誠を誓いに行く旅を描いた巻物の記録をもとに，当時の養蜂を再現してもらいたい。その様子は BBC のドキュメンタリー番組製作者によって記録され，養蜂の歴史と変遷をたどる参考資料となる。

③ 何の専門家になるのか？：子どもたちは現代アメリカの養蜂専門家になる。教師もその専門家の一人という役になって，子どもたちが養蜂について知識の足りないところを補うにも専門家の一人という立場で助言を行う。

④ BBC への返信：②の依頼を承諾する主旨のもので，教師は養蜂専門家の秘書的な役になって子どもたちが手紙を書くのを助ける。

⑤ BBC からの訪問者：ヘスカットが BBC からの訪問者の役（ティーチャー・イン・ロール）になって，まず養蜂の事業の様子を見たり養蜂専門家たち

（子どもたちが役になっている）から説明を聞いたり，またBBCの番組がカバーする範囲の説明をしたりする。

⑥養蜂という事業（エンタープライズ）：養蜂事業へいろいろな問題や要望が寄せられる。例えばミツバチの巣の提供者への支払いが滞っていたり，はちみつ酒の壺に伝統を生かした新しいデザインを考案してほしいという要望が寄せられる等，養蜂専門家役の子どもたちはそれぞれの持ち場ごとにグループに分かれて問題に取り組む。

⑦BBC訪問者からの要望：BBC訪問者からの要望で，養蜂事業に携わる専門家たちはまず自分たちが従事しているさまざまな仕事や取組みを紙にすべて書き出す。そして，そのなかから番組に提供できることは何かについて専門家同士の話し合いをもつ。

⑧アーサー王の騎士グワルフマイの物語を聞く（ヘスカットによる読み聞かせ）：死の床に伏したグワルフマイの語りを王妃グィネヴィアが蜜蝋の書き板に口述筆記したもの。アーサー王に忠誠を誓いに行く旅の途中グワルフマイは捕えられ，養蜂の仕事に従事していた。また，戦いの合間にかがり火にあたり金色のはちみつ酒を回し飲みしハープの音色に耳を傾けたときのことなども懐かしく思い出している。

⑨子どもたちは，養蜂の専門家の役と生徒役を行き来しながら，グワルフマイの物語をもとに中世の家や服装，ミツバチの巣，道具などを想像し描く。

⑩BBCの番組のなかで，現代アメリカの養蜂と中世イギリスの養蜂とをどのように対比して見せるのがよいか，その工夫を専門家同士ペアになって話し合い，考える。

⑪「専門家のマント」活動の最終場面：BBCに出向してきた設定で現代アメリカの養蜂専門家たちである子どもたちはテーブルに集まる。そしてテーブルにかかる白い紙製のテーブルクロスに「中世の祝宴」を描く。ハニーケーキやはちみつ酒の入った壺などを描く間に，ヘスカットはこの番組作成に向けて専門家たちが取り組んできたことと，専門家たちが「祝宴」の模様を描く様子をカメラに向かって（という想定で）コメントする。

以上，ヘスカットの数多くの実践の中から2つ紹介したが，この2例から見えてくる「専門家のマント」を組み立てるときのポイントを以下にまとめてみる。
① 設定は，過去の歴史をもち，未来へもつながる事業で，子どもたちはその事業に従事する専門的な知識や技術をもった集団である。
② 専門家たちは，その事業にクライアントからもち込まれる問題や課題にグループに分かれて取り組む。
③ 事業の外部からの訪問者：実際の人であっても，その人の声であっても，あるいはその人が残していった持ち物などでもよい。
④ 「専門家のマント」に階級，身分の差，抑圧者と被抑圧者という対立的構造はもち込まれない。

　そして最後に，「専門家のマント」の最も大きな特徴は，それがある特定の教科学習のためではなく，複数の教科にまたがった，言うなればカリキュラム横断型の学びを目的とした方法論であることである。　　　（吉田真理子）

> ◎**まとめ**
> - **主著**：*Dorothy Heathcote: Collected Writings on Education and Drama*. (Johnson, Liz. & O'Neill, Cecily., eds., 1984)
> - **主目的**：教師が「演出」するドラマではなく，子どもたちから「引き出して」いくドラマをめざす。
> - **理論の特徴**：対立や葛藤ではなく，子どもたちがドラマのなかで団結して考える力を養う。
> - **方法論の特徴**：教師も役になって，役になっている子どもたちのグループと話し合いをもつ。

📖　**参考・引用文献**

- Bolton, Gavin. *Dorothy Heathcote's Story*. Stoke on Trent: Trentham Books, 2003.
- Wagner, Betty Jane. *Dorothy Heathcote: Drama as a Learning Medium*. Rev. ed. Maine: Calendar Islands Publishers, 1999.

◎ セシリー・オニール
プロセス・ドラマ

> ドラマのアイデアはさまざまなハンドブックに載っている。しかし，教師がそのアイデアを子どもたちと発展させ深く掘り下げてみるためドラマをどう構築したらよいかという指針を示した本はあまり見受けられない。(O'Neill, *Drama Structures*)

1 背景

　ドロシー・ヘスカットのドラマ教育（Drama in Education と一般に呼ばれている）を紹介した（P.54 参照）が，そのドラマ理念を受け継ぎ，それをさらに発展させたドラマ教育者の一人がセシリー・オニールである。

　オニールは，ヘスカットによって編み出された即興的につくられていく台本のないドラマを，教師がカリキュラムにあてはめて教室で行う際，ドラマに柔軟性のある枠組みが必要になるだろうと考えた。そこで，『ドラマの組み立て（*Drama Structures*)』(1982) という教師用ハンドブックを記し，ガイドラインを示した。

Cecily O'Neill
（1936-　）

　そして 10 年後，オハイオ州立大学で教鞭をとっている間に『ドラマの多面的世界——プロセス・ドラマのための枠組み（*Drama Worlds: a framework for process drama*)』(1992) を執筆した。これにはプロセス・ドラマという用語が副題に挿入されているので，まず「プロセス・ドラマ」という言葉についての説明が必要であろう。

　オニールによれば，プロセス・ドラマは 1980 年代後半にオーストラリア

とアメリカ合衆国で時期を同じくして台頭してきた用語で，ドラマ教育を表す Drama in Education とほぼ同義語である。オニールが『ドラマの組み立て』を執筆した当時は，まだプロセス・ドラマという言葉が定着していなかった時期であろうが，同書はプロセス・ドラマの組み立て方についての指南書である。オニールによるプロセス・ドラマについての定義を『ドラマの多面的世界』からみてみよう。

　プロセス・ドラマは，既成の台本なしで進んでいく点は即興劇と共通する。しかし，プロセス・ドラマは単一の短いエクササイズやシーンに限定されず，エピソードやシーンの連続体からなる。そのため，一つ一つがじゅず玉のようなエピソードをつなぎ合わせる鎖となる枠組みが必要になってくる。

　また，もう一つ即興劇と区別される点は，短い即興劇では参加者と観客がいるのに対して，プロセス・ドラマでは全員が参加者である。したがって，教師（ドラマリーダー）も参加者であり，同時に台本をおこしていく脚本家の役割も担っていることである。台本がないこと，エピソードの連続体という構造，一過性ではなくつながっていく時間，参加者は自分たちの行為への観察者でもある，という複合的な特色が，「プロセス・ドラマ」という言い方によく表れているとオニールは述べている。

　さて，『ドラマの多面的世界』は，即興性の強いプロセス・ドラマを理解し，そのドラマを再現する糸口を読み手に与えることをねらいとしている。しかし，オニールの論点は，このアプローチにみられるドラマ的な要素を，現代演劇の表現形式に照らして考えることにあった。次項では，最初のハンドブック『ドラマの組み立て』と『ドラマの多面的世界』の 2 冊で取り上げられているさまざまなプロセス・ドラマの例からいくつか紹介し，組み立てに際してのおもな留意点をみていきたい。

2 プロセス・ドラマ

1 Pre-text

　テクスト（text）の原義は中世ラテン語にさかのぼると「織られたもの」である。その原義になぞらえて言えば，プロセス・ドラマにおいてテクストはそのドラマの展開とともに形や模様が次第に表れてくるのであり，pre-text とは，進行形で生まれてくるテクストに先立ち（pre-），ドラマに乗り出していく出発点となる素材といえるだろう。

　素材は，本質的にわかりやすく単純であること，人物描写が込み入っていないこと，何か出来事が起こる暗示があることが大切である。素材提供は，参加するグループにこれから起こるドラマへの期待感を高め，ドラマに入り展開させていく責任感を抱かせることをねらいとする。

　また，2 で述べるプロセス・ドラマの例「フランク・ミラー」の場合，ドラマのなかで起こる出来事は時間的・空間的に，そして人物としても子どもたち自身とは距離がある。安全な場から，子どもたちは地域における反目や家族の緊張関係，暴力や親不在の状況などドラマで次第に明るみになる問題と向き合うことができる。また，個人レベルでのそのドラマとのつながりという面において，「フランク・ミラー」の場合は，子どもたちが自分たちの観た劇や映画，読んだ本からの経験を持ち込んだとオニールは語っている。

　プロセス・ドラマの素材は，フランク・ミラーのように人物でもよいし，戯曲，言葉，ジェスチャー，場所，物など，ドラマを紡ぎ出す原動力となるもので，これから展開していくドラマの性質と，それに参加する子どもたちがどんな役になるのかを示す働きを担えるものならよい。例えば，「西部への道」というプロセス・ドラマで素材となるのは，アメリカ西部開拓時代の一枚の写真である。

　効果的な素材をどこに求めたらいいか迷うときにヒントになるのが，演劇史のなかで力強いドラマを生み出した素材を考えてみることである。例えば

神話や伝説，民話や史実などはドラマに欠かすことのできない素材を提供してきた。また，古典的な劇も劇作家たちの作品の素材となってきた。例えばトム・ストッパードの戯曲『ローゼンクランツとギルデンスターンは死んだ』[1]はシェイクスピアの『ハムレット』を下敷きにした作品であるし，ブロードウェイ・ミュージカルの傑作『ウェストサイド物語』の素材は『ロミオとジュリエット』であることはよく知られている。古典的な作品というのは言わば原型として人々の心に生きているのである。 **2** でドラマ例としてあげられる「フランク・ミラー」の場合にみられるような「復帰・帰還」というテーマは，到着や遭遇，予言や伝言と同じように演劇史でもおなじみのテーマである。『欲望と言う名の電車』[2]に登場するブランチや『ハムレット』に出てくる亡霊を思い起こしてみるとわかりやすい。また，「問いかけ」という素材の提示の仕方もある。「幽霊屋敷」というプロセス・ドラマの場合は「50ポンドでダークウッドハウスに一晩泊まってみませんか？」という問いかけを，教師がブラウン夫人役になって子どもたちに投げかけるというティーチャー・イン・ロールが，子どもたちをドラマの世界に一気に引き込む力を発揮する効果的な導入方法である。

また，絵本や物語を素材としてドラマ活動と結びつける学びの様式「ストーリードラマ」を生み出したのはカナダのドラマ教育者デイヴィッド・ブースである。ストーリードラマとは，素材となる物語で起こる出来事や問題，登場人物を出発点として展開される即興的なロールプレイで，ドラマのなかで子どもたちは新たな物語をまるでタペストリーを織っていくように一緒に紡ぎ出していく。子どもたちは共同制作者であり物語そのものであり，そしてその物語のなかに生きる人物でもあるのだ。元となるのはある決まった物語であっても，参加者が変わればその素材から実にさまざまなストーリードラマが生まれ，一つとして同じものはない。しかし，一つ一つのタペストリーを見てみるとき，どこかに元の物語が素材として織り込まれているのだ。

---

1 『ハムレット』に登場する脇役2人を主人公に仕立てた作品。
2 テネシー・ウィリアムズ作。名家の女性ブランチの没落していく人生をえがく。

2 ドラマの例――「フランク・ミラー」

エピソード1：教師は，町のリーダー格的存在というティーチャー・イン・ロールで「フランク・ミラーがこの町に戻ってくる」というニュースを町の人々（子どもたち全員で役になる）に知らせる。何がねらいで戻ってくるのか？ 10年前フランクが町を出て行ったことと町の人たちはどうかかわりがあるのか？

エピソード2：リーダーは町の人々とのやりとりでわかったことをもう一度整理する。

エピソード3：小グループに分かれて，フランクの過去におけるある時代（例：幼年期／青年期）を選び，静止画をつくる。

エピソード4：フランクはもう町に戻っているのかを探る。町のどこかで見知らぬ人を見かけなかっただろうか？ 小グループで町のある場所（例：銀行／郵便局）で見知らぬ人を見かけるシーンを即興で行う。

エピソード5：エピソード4のなかでどうも酒場にいる2人の男のうちの一方がフランクらしいということで，そのシーンが再現され，フランクが見つかる。

エピソード6：ペアワーク。Aは，フランクが町に戻ってくることを恐れる理由がある町の住人役で，Bはその友人役。まずBはAの話を聞く。次にBの人同士で集まって，聞いた話を分かち合い，その間AはBの話し合いに耳をかたむける。そこで出てきた話は，フランクがとくに憎んでいる人間はサラという女性の郵局長であること。サラには10歳になる息子がいる。サラはその子に父親は死んだと伝えている。

エピソード7：ゲーム「狩人と獲物」（Hunter and Hunted）を行う。これは追いかける側（フランク）と追手から逃れようとする側（サラ）はいずれも目隠しをした状態で行うゲームである。

エピソード8：リーダーが，それまでのドラマの展開を語り，子どもたちとここまでの内容を確認する。このあと，フランクと息子の対面シーンを探っ

てみることを子どもたちとの話し合いで決定する。

エピソード9：ペアワーク。フランク役と息子役。どちらか一方がそれまで口にはしなかったけれど何か目的があってこの対面となった。その目的は何かをロールプレイで探す。あるペアでは，息子がフランクに家に来て母親と3人で晩御飯を食べようと無邪気に誘った。この晩御飯のシーンをドラマで見てみるのは興味深いと子どもたちは考える。

エピソード10：息子が母親（サラ）にフランクに会ったことを語るシーン。サラはどの時点でどのように息子に父親の真実を告げるのか，それをフォーラム・シアターの形式を用いて，サラ役，息子役，観客とで探る。

エピソード11：子どもたちは3つの大きなグループに分けられる。各グループ，フランクかサラか息子か1つ選び，その人物がいまこの新たな状況において一番望んでいることは何か，あるいは一番恐れていることは何かを表す一連の夢を創作する。この夢はリハーサルが行われ，発表された。

エピソード12：3人一組。夕食のシーンの即興。

エピソード13：子どもたちのなかで3人がフランク，息子，サラの役をかって出て，再度夕食のシーンを新たな即興でつくる。それにあたり，事前に夕食をとる部屋の様子と3人それぞれの心境を子どもたち全員で話し合って決めておく。シーンが険悪な方向に進んでいくなかで，フランクとサラの「心の声」役が2人シーンに加わり，観客にはフランクとサラが会話している間にそれぞれの心の声も聞こえる。

エピソード14：エピソード3の静止画に戻り，そのなかからフランク役だけ取り出され時系列的に並べられる。その最後尾には，エピソード13の最後で逃げ出そうとする息子を取り押さえようとする瞬間のフランク像が加わる。

3 ドラマ体験の3つのカテゴリー

オニールは『ドラマの組み立て』のなかで，ギャビン・ボルトンが学校環境で奨励される教育的なドラマ体験として分類した3つのタイプに言及して

いる（Bolton 1979）。ボルトンが分類する3つのカテゴリーとは，A. エクササイズ，B. ドラマ的遊び（dramatic playing），C. シアターである。

　A. エクササイズのおもな特徴としては，短期間の活動でゴールが教師にも参加者にも把握されており，輪郭も明確で，既定のルールがあり繰り返し行える，などがあげられる。B. ドラマ的遊びはAのタイプほどはっきりとした輪郭にしばられずルールもゆるやかであることを特色とする。C. シアターは，完成形のものを観客に見せるという視点が入ってくる。また，緊迫感，対比，象徴化といったシアターのおもな特徴も指している。

　ボルトンによれば，ドラマ活動のなかでA，B，Cの3つのタイプが組み合わさり，それが統合されるとき，子どもはドラマを自分の身に振りかかることという受け身のとらえ方にとどまるのでなく，自分からドラマを生み出しているのだという能動的な体験としてとらえられるようになる。この「私たちの身に起こっている」と「私たちがつくり出している」という感覚は，コインの裏表のようなものである。この2つの感覚の芽生えは，すなわち自分の内面に起こる感情や心の動きを客観的にみる目ができてくることである。つまり，感じたことをそのまま何気なく表すレベルから，感じたことの意味を判断できるレベルへと変わることが，「ドラマを生きる」という体験なのである。その過程で子どもに起こる変化について「先入観がとれる，柔軟性が出てくる，新しい意味を見いだす，結果を予測できるようになる，代案に取り組んでみる姿勢が出てくる，視点が変化する」などをボルトンはあげている。オニールは，以上に要約されるボルトンの議論を踏まえたうえで，ドラマの大きな枠組みのなかに上記3つのタイプに属する活動を入れることで，ドラマがもつ意味の広がりが豊かなものになると述べている。

　では，先述した「フランク・ミラー」のドラマ例のなかから3つのタイプを探してみよう。A. エクササイズの特色がわかりやすく示されている例が，「フランク・ミラー」エピソード7のゲーム「狩人と獲物」であろう。プロセス・ドラマにゲームを入れる目的は，ウォームアップや信頼関係，集中力をつけるためではない。よって，ドラマの最初で行うのではなく，途中まで

きて行われる。それは，最初のほうの場面を思い起こさせるにあたり，形を変えて提示するねらいであったり，緊張感を高めたりあるいはゆるめたりするために用いられるのである。

「フランク・ミラー」のエピソード7の場合は，その前のエピソード6の終わりでいったん休憩をとる，というドラマの中断が入った。そのためドラマに戻るにあたり，エピソード6の後半でフランクの憎しみの対象がサラという女性であるというドラマの展開を参加者たちに思い出させ，ドラマの緊迫感を高める効果がこのエクササイズにはあろう。このエクササイズはドラマのこの時点に組み込まれることによって単なるゲームに終わらず，それはボルトンの分類でいうC. シアターの主要な要素の一つである緊迫感をも内包するものとなっている。

B. ドラマ的遊びは，A. エクササイズと比べて，ゴールが明確に定まっているわけではなく，流動性・柔軟性・自発性をおもな特色としているとボルトンは説明している。また，ドラマ的遊びには，あらすじや状況設定といった外的なレベルと，参加者の個人的欲求や態度といった内的なレベルという二つのレベルがあるとボルトンは論じている。「フランク・ミラー」のエピソード4は，見知らぬ人を町で見かけるという，A. エクササイズの特徴とされるルールとまではいかない，ゆるやかな枠の設定である。そしてドラマに入る前に，どこでその見知らぬ人を見かける可能性があるだろうかという子どもたちとの話し合いにより，場所の候補がしぼられる。つまり，話し合いのなかで新たなルールづくりが行われているのである。しかし，自分たちは何をしている状況でその人物を見かけるのか，その人物はどんな風貌でその場所で何をしているのか，などはグループでドラマを進める子どもたちの内的レベルから出てくるものなので，子どもたちの自発性に任されているといえる。

ドラマ的遊びを入れる場合に問題となることの一つとして，これを小グループで行った場合，それぞれのグループにとってどういう体験だったのかということが，グループ同士にとっても教師にとっても把握しにくいとオニールは『ドラマの組み立て』のなかで指摘している。「フランク・ミラー」

の場合には，小グループで同時並行的に行われたこのドラマ的遊びは引き続き，学級全体での話し合いにつながっている。グループごとに出会った見知らぬ人についてどこでどのように見かけたかを語り，それはフランクと同一人物なのだろうか，それとも違う人物なのだろうかと子どもたち全員で考える時間をとっている。この話し合いは，このエピソードにおけるドラマ的遊びのフォーカスが，見知らぬ人を探すことにあったことを子どもたちに再認識させるだけではない。酒場にいる見知らぬ2人の男たちの1人がどうもフランクらしいという情報が共有され，そのどちらがフランクかを次のドラマでつきとめてみよう，という新たな方向が提示され，ボルトンのいう「私たちでつくり出している」ドラマだという意識を子どもたちに喚起させる時間ともなっている。

　C．シアターとは，観客に観せるという視点や緊迫感，対比，象徴化というシアター特有の要素を指すとボルトンは述べているが，「フランク・ミラー」のドラマでは随所にシアターの要素が見受けられる。「観せる」という視点が入っているのが，エピソード3でのフランクの過去の静止画，エピソード14のフランク像などである。エピソード11の場合は夢という象徴的な表現を使っているという意味でもシアターの要素が入ってくる。また，エピソード10では息子役と母親役のやりとりを見ている人たちが，親子の問題を一緒に考えるフォーラム・シアターを展開する。このエピソードにおいても，またエピソード9の息子とフランク対面の場面でも，サラとフランクが過去を共有しているのと対照的に，息子は2人の関係も過去のことも知らないという人物関係の対比的な配置，そしてエピソード13の夕食会で，フランクとサラの会話と心の声を対比してみせるところにシアターの要素が色濃く出ており，緊迫感はドラマをクライマックスへと押し上げていく。

4　議論と振り返り

　教室での議論は効果的に行うようにとオニールは忠告している。あまり議論のほうに偏ると授業の核となるべきドラマが議論の刺激剤か出発点にしか

すぎなくなってしまう。また長びく議論は学習者の熱意を削ぎ，いらだちをつのらせかねない。

「フランク・ミラー」ではプロセス・ドラマへの導入部分（エピソード１）で議論を取り入れている。教師はティーチャー・イン・ロールで町のリーダー格的存在になり，町の住人役になる子どもたちと，フランクはなぜ町に戻ってくるのかについて話し合う。そして，「自分たちはどうしたらフランクから身を守ることができるだろうか」とか「10年前にフランクが町を去ったことと自分はどういう関係があるか」などの情報をドラマのなかで交換できる。役になって議論するというこの導入は，ドラマが始まったという雰囲気を学級全体が感じ取ることができ，そのドラマをつくっていくことに自分たちがひと役買っているのだということを子どもたち一人ひとりが実感することにもなる。

学級での議論は，ドラマの体験への振り返りとしてよく用いられる。ドラマのなかでの振り返りは，そのコンテクストにおける参加者それぞれとグループ全体としての洞察をはっきり言語化できるため，ドラマがすべて終了してから行う議論よりも効果的である。「フランク・ミラー」のエピソード２における，町の人々から聞いたフランクに関する情報の整理や，エピソード８でそれまでのドラマの展開を学級全体で確認するという振り返りは，その後の新たなドラマの展開の方向性を決める話し合いにつながっていく点は興味深い。またエピソード３にみられるような，フランクの過去にさかのぼらせるのは子どもたちに熟考を促すのに有効である。

5　役になる──教師の場合，子どもたちの場合

ヘスカットのティーチャー・イン・ロールのガイドラインはP.58に記述したとおりであるが，この方法論の特色は，教師がその役を媒体として，学級全体をドラマに引き込めること，そして教師がドラマ世界の内側にいて子どもたちとじかにかかわり反応を引き出しながら，即興的なドラマに方向性を与え枠組みをつくっていけることにある。初めて試みる教師には戸惑いも

あると思われるので，前もって子どもたちに何をやろうとしているか，どういう役になるかも伝えておくとよい．

また教師に演技力は必要か？　という問いに対して，この方法論は，教師がどれだけ役者として表現力があるかを見せるためのものではなく，あくまでも架空のドラマ世界へと子どもたちを招き入れ，子どもたちとともにドラマ世界を組み立てていくことをおもなねらいとしているというのがオニールの答えである．

いっぽう，子どもたちは役になるにあたり，自分のもっている知識や経験を総動員してその役にふさわしい言動をみつけていく過程で，柔軟性・集中力・抑制する力が身につく．ヘスカットは，役になることの最も重要な側面は自発性にあると考えていた．その役はあらかじめ計画されたものではなく，子どもがその役になることで新たな気づきにハッとする瞬間が訪れることが貴重なのである．それは舞台で役をうまく芸術的に演じるということとは根本的に異なるし，自分から離れて別の存在となることではない．むしろその逆で，子どもたちは子どもたち自身として，そのドラマのコンテクストにふさわしい態度をとってみることで，自分自身を違った角度からみられるようになることがドラマ教育の主眼といえる．ボルトンはまた，子どもにとって，ドラマに一緒に参加する仲間と主観的なレベルでの意味理解や感情を共有することが，ものごとのとらえ方や価値観の変化につながっていくと説いている（Bolton, 1979）．また，ドラマの状況を把握しグループ内で話し合い交渉したりするなかでコンテクストにふさわしい反応をすることを心がけるようになり，自律心を養うことができる．そして，ロールプレイに積極的に参加することで社会性，ほかの仲間たちとの協調性ができてくるのである．

なお，ティーチャー・イン・ロールが有効に機能するケースは，学級全体が一つの大きなグループとなって活動をする状況で，結果やゴールがあらかじめ設定されず即興的にドラマが展開していく場合である．他方，ティーチャー・イン・ロールが向かない状況は，小グループで活動する場合で，このとき教師は教師役にとどまって指導するのが望ましい．また，例えば学級

全体が一つの大きいグループとなってドラマ世界をつくり，教師が役を選んでそのドラマに入っているときに，問題が生じて，教師がその役のまま解決ができない場合は，そこでドラマに「ストップ！」をかけ，その問題について学級全体で議論するほうが効果的であるとオニールは忠告している。

（吉田真理子）

◎まとめ
- **主　著**：*Drama Structures : A Practical Handbook for Teachers*. (1982), *Drama Worlds : a framework for process drama*. (1995)
- **主目的**：子どもたちにドラマを生きるという体験をさせること。
- **理論の特徴**：子どもの主体性，自律心，協調性を養うドラマをめざし，ボルトンの教育的なドラマ体験についての考えを取り入れている。
- **方法論の特徴**：Pre-text（素材）から出発してティーチャー・イン・ロールを織り交ぜながらエピソードが連なっていく。

参考・引用文献
- Bolton, Gavin. *Towards a Theory of Drama in Education*. London : Longman, 1979.
- Taylor, Philip. and Warner, Christine D. eds. *Structure and Spontaneity : the process drama of Cecily O'Neill*. Stoke on Trent, UK : Trentham Books, 2006.

◎キース・ジョンストン
インプロヴィゼーション

教師の多くは子どもを未成熟な大人と考える。もし，大人を萎縮した子どもと考えれば，もっとうまく，「敬意を払って」教えることができるかもしれない。「うまく適応した」大人たちの多くは，辛辣で，創造性がなく，おびえていて，想像力に乏しく，敵意に満ちあふれた人である。
(Johnstone, *Impro : Improvisation and the Theatre*)

1 ジョンストンについて

　キース・ジョンストンは1933年，イギリス南部のブリクサムで生まれた。彼は11歳のときに何らかの原因で文字や数字を記憶することが急に困難になってしまい，学校に適応できなくなってしまう。彼は学校への興味を失い，たまたま見つけた図書館に通って，東洋思想の本を読みあさるようになる。それがのちに彼の思想の背景となる。

Keith Johnstone
（1933- ）
撮影：©Hannes Ahremark

　18歳になって，彼はロンドンに出る。彼は文章を書くことと，絵を描くことに興味があったが，すぐにはそれで仕事を得られないこともあり，美術の教師となった。彼は小学校に赴任し，問題児の学級をもたされた。規律を押しつけるやり方を取りたくなかった彼は，子どもたちの興味をかき立てるものを探りながら，文字を読んだり書いたりするのも不自由な子どもたちが，文章を書くように促していった。するとやがて子どもたちの書くものは驚くほど創造的なものとなっていった。彼は学校で適応できないと烙印を押された子どもたちの驚くべき能力を発見する。

　教師の仕事を離れた彼は経済的に苦しい生活を送りながら画家をめざして

いた。交流があった芸術家の紹介で，1956年，ロンドンの現代劇を中心に上演する劇場，ロイヤル・コート・シアターから戯曲の執筆を依頼された。彼の書いた戯曲に興味をもったロイヤル・コート・シアターの演出家ジョージ・ドゥヴィーンは，劇場に集まってくる戯曲を読んで上演価値を判断する仕事を彼に与えた。やがてドゥヴィーンはジョンストンに演出をすすめ，ロイヤル・コート・シアター内の劇作家グループの運営を任せることにした。

劇作家グループは議論ばかり多く，生産的ではなかったので，ジョンストンは，この集団では議論せず，すべて実際に演じてみることにしてはどうかとアイデアを出す。これが彼のインプロ（即興演劇）の始まりである。

やがて，ロイヤル・コート・シアターは演劇の学校を設立することになり，ドゥヴィーンは彼にそこで教えることをすすめた。ジョンストンはそこでインプロを教え始めるようになった。ほかの演劇の授業とは異なり，笑いの絶えない授業であった。しかし，自分たちのやっていることがふつうの観客にとっても面白いのかどうかはわからなかったので，ジョンストンは大学の授業でのデモンストレーションという形で観客の反応を試すことにした。すると，稽古場よりもっと観客は大笑いすることがわかった。

彼は大学でデモンストレーションを続け，多くの上演の招待を受けるようになり，やがてツアーをするようになった。それがのちに「シアター・マシーン」というインプロ劇団になる。このころジョンストンは，これまであまり劇場に来なかった人々を劇場に取り込むために対戦型のインプロ，シアタースポーツを生み出した。彼の仕事の中心は，インプロに移っていった。

その後，ジョンストンはドイツ，デンマークなど他のヨーロッパ各国でイ

インプロ

英語のインプロヴィゼーション（improvisation；即興）という言葉が略されてできた言葉。俳優たちが，脚本も，設定も，役も何も決まっていない中で，その場で出てきたアイデアを受け入れ合い，ふくらませながら，物語をつくり，シーンをつくっていく演劇である。

ンプロを教えていたが，1971年にカルガリー大学に専任講師として招聘され，カナダに移る。この時期に，カルガリー大学でシークレット・インプロ・シアターを始め，のちに劇場でもインプロを上演するようになった。一時的にデンマークに移るが，再びカルガリーに戻り，1977年，大学教員の職を辞して，カルガリーで「ルース・ムース」というインプロ劇団を旗揚げする。

その後，ルース・ムースの芸術監督として，1999年にその職を辞すまで，インプロの演出，教育を行った。彼が開発したゲーム，エクササイズや，シアタースポーツをはじめとしたさまざまな上演形式は世界中に広まっていった。それに伴い，世界中からルース・ムースに俳優や指導者が学びに来るようになり，またジョンストンもカナダ，ヨーロッパ，アメリカ，アジアなど世界中で教えるようになる。現在も，彼は世界中でワークショップを行っている。

2 ジョンストンのインプロの方法論

子どもには創造性がなく大人になるにつれて創造性が増していくのではなく，子どもは創造性をもっているが大人になるにつれてそれが発揮できなくなる，これがジョンストンの基本的な考え方である。子どもを「未成熟な大人」と考えるのではなく，大人を「萎縮した子ども」と考える。そして，人々に創造性を与えるのではなく，そもそもすべての人がもっている創造性をよみがえらせることを考える。

> ジョンストンの基本的な考え方
> ×子ども＝未成熟な大人
> 創造性をもたない子ども→大人になるにつれて創造性が増していく
> ○大人＝萎縮した子ども
> 創造性をもっている子ども→大人になるにつれて発揮できなくなる

この創造性を考えていくうえで，ジョンストンが用いる2つのキーワードが自然発生（spontaneity）と想像（imagination）である。

ジョンストンは，子どものころの創造性は，教育を受け大人になるにつれて失われていくと考えている。その創造性のもとには，想像がある。脳の想像力によってそれぞれの人の宇宙が構成される。人は子どものころ，自然に想像し，自然にその想像を表現している。これが自然発生である。しかし，大人になるとその自然発生は，社会的こころ（social mind）によって抑制されてしまう。自分の表現を他人がどう思うか気にするようになるのである。

社会的こころは，さまざまな恐れを生み出すことによって自然発生を抑えている。その恐れには，例えば次のようなものがある。

- 失敗への恐れ

失敗をすることへの恐れは，すべての人がもつものである。行動することは，失敗するリスクを伴う。もし何もしなければ失敗をすることもない。そこで，自然に表現したり行動したりするのを抑制して，失敗を防ごうとする。

- 評価への恐れ

人は成長するにつれ，自分の表現や行動を他者から評価されるようになる。また，このように自分を見せたいという，他者に見せたい自己イメージができてくる。すると，自分が思ったこと，感じたことをそのまま表現するのではなく，他者からよく評価されるような，他者に見せたい自己イメージに近い表現をしようとする。そうすると，自然発生による表現は抑制される。

- 未来・変化への恐れ

未来は予想ができないものである。変化をすることによって，自分に悪影響があるかもしれない。そのために，人はなるべく変化をしないようにしたり，変化をするにしても，なるべく未来を自分の思いどおりになるようにコントロールしようとしたりする。外からの影響を受けることを恐れて，からだを固めてしまい，外に対して開かないようになる。自然に生まれてきた想像は，どのようなものかわからない予測不能なものである。そのため，それを表現することを抑制するようになる。

- 見られることへの恐れ

人間には人前に立つことへの恐怖が普遍的にある。その恐怖によって，か

らだが緊張したり，ネガティブになったりする。

　これらの恐れは検閲をもたらす。検閲とは「こんなことをしたら変ではないか？」「こんなことはやめたほうがいいんじゃないか？」と自分の中に自然発生的に生まれたアイデアをチェックすることである。脳の中には検閲官が住んでいる。恐怖があるときには，もし想像が自然に生まれても，この検閲官が検閲してから，表現するようになる。

　また，もし失敗しそうなときには，ほかの人から責められないようにと，具合の悪そうな顔をしたり，みじめそうな顔をしたり，苦しそうな顔をしたりする。これらは，からだを固め，こころをネガティブにして，さらに自然発生を阻害する。

社会的こころの生み出す恐怖
　・失敗への恐れ
　・評価への恐れ
　・未来・変化への恐れ　　　⇒　検閲　⇒　自然発生の阻害
　・見られることへの恐れ……

　では，どのようにして，社会的こころが恐怖を生み出すことを止めることができるのだろうか。がんばろう，個性的なアイデアを出そう，面白いことを言おう，うまくやろうと考えると，かえって「○○しなければ」という意識が出てきて，検閲が強くなってしまう。この問題に対応するために，ジョンストンは，ふつうにやる，がんばらない，独創的にならない，あたりまえのことをする，賢くならない，勝とうとしない，自分を責めない，想像の責任を取らないと言う。そうすることによって，検閲が奥に引っ込み，自然発生のプロセスが戻ってきて，逆によいアイデアや表現が出てくるようになる。

　そして，相手によい時間を与えることを考える。自分のアイデアや行動がよいか悪いかを，相手がよい時間を過ごせているかどうかで判断するようにする。そして，何かをしたあとにはお互いに思ったこと，感じたことを正直にフィードバックし合うようにする。すると，相手がこう思っているのでは

ないかということを過度に想像して恐怖を感じることがなくなり，少しずつ相手によりよい時間を与えられるようになっていく。

3 ジョンストンの教え方の特徴

　一輪車を熱心に練習する子どもたちがいる。何度失敗しても，繰り返しチャレンジし，何時間でも乗れるようになるまで熱中して練習する。「よくない教師は失敗させないようにしてしまう」とジョンストンは言う。教師の仕事は，子どもたちが失敗しないようにすることではなく，転んでもけがをしない芝生に連れていき，何度でも安全に失敗できるようにすること，そして，つかまれるフェンスや両手で支えられる壁に挟まれた狭い場所など，できるようになるまでの補助的なステップを準備することである。

　ジョンストンのワークショップはゲームやアクティビティをすることで進められていく。ときには輪になって全員でゲームをしたり，二人組や三人組に分かれてゲームをしたりする。また，舞台スペースと観客スペースをつくり，数人が舞台スペースに出てきて，あるゲームをすることもある。

　インプロでは，俳優は演技だけでなく，せりふを考える脚本家の仕事と，どのように観せるかを考える演出家の仕事もしなければならない。したがって，これらのゲームは，ストーリーやキャラクター，演出にかかわるものである。また，自分の中で自然に生まれたアイデアを表現すること，相手と協力すること，観客とよい関係をつくることなどを扱うゲームもある。

　実は，これらのことは恐怖を感じていなければ特に学ばなくても自然にできることである。だが，恐怖を感じるとうまくいかなくなる。恐怖によって起こる舞台上のさまざまな問題，これらを解決するためにゲームがつくられている。そして，ゲームに取り組んでいると，自然に問題が意識化され，改善されていくようにできている。これらのインプロのゲームやアクティビティは観ていてもとても面白いもので，それ自体，舞台で上演もされている。

4 ジョンストンのゲームの例

ゲームやアクティビティには，例えば，次のようなものがある。

- さしすせそ禁止ゲーム（No S Game）

2人である場面設定のシーンを即興で行うのだが，せりふの中に「さしすせそ」のいずれかが入ったら負けというゲームである。せりふの中には「さしすせそ」が多く入っているので，どうしても言ってしまう。しかし，失敗しないように慎重になってしまうと，観客は見ていてつまらなくなる。観客が見たいのは，実は人が気持ちよく失敗するところである。失敗することは気にせず，むしろ失敗したときにそれを隠そうとしたり，落ち込んだりせず，ポジティブに失敗したほうがよいという失敗の仕方を学ぶゲームである。

- ワンワード（One Word at a Time）

「私たちは」「いま」「森の」「中を」「歩いて」「います」といったように，2人以上で一人ひと言ずつを話して，一つの物語をつくったり，一人の人物になってせりふを言ったりする。一人が話せる量が少ないので，これから起こる未来を一人でコントロールすることができない。相手の言うことを受け入れ，それにアイデアを足していきながら，予想できない未来の世界に入っていくことができるようになる。

- 次，何しますか？（What Comes Next?）

二人組で行う。一人が「次，何しますか？」と言い，もう一人が「洞窟に入ります」など，行動を言う。洞窟に入る動きをしたあと，再び「次，何しますか？」と言い，「宝箱を見つけます」などと言う。これを繰り返しながらストーリーをつくっていく。もし言われた行動をしたくなければ，はっきりと，でもかわいらしく「イヤっ」と言う。相手が何を望むのかを探究することができるゲームである。また，自然なストーリーをつくっていると「イヤっ」と言われにくいので，奇をてらったものでなくあたりまえで自然なストーリーが，実はみんなの喜ぶものであると学ぶこともできる。

5 教えるときの工夫

　ジョンストンは，そのほか，教えるときに次のような工夫をしている。

・カリキュラム

　ジョンストンは，事前に授業計画をつくらない。彼のインプロの教え方は即興である。いまここで何が起きているのかを見て，どうしたら，生徒たちを刺激することができるか，よい時間を与えられるかを考えて教えている。

・教師の態度

　ジョンストンは，直接人を自然発生の状態に変えることはできないと考えている。教師ができるのは，自然発生を阻害する問題を解決する間接的な支援だけである。そのとき，まず教師自身が自然発生でなければならない。教師自身が楽しんでいれば，生徒は自分たちも楽しんでよいのだと思い，活動を楽しむようになる。また教師が気持ちよく失敗することや，生徒が失敗をしたときに生徒を責めないことで，生徒に失敗してもよいのだと思わせる。

・教師と生徒の権力関係

　ジョンストンのインプロの主要概念の一つにステータスがある。登場人物同士の間にみられる支配と従属の関係のことである。支配する側はステータスが高く，従属する側はステータスが低くなる。もし，教師が生徒に対して常に高いステータスでいると，生徒は支配的な空気を感じ，自然発生になれなくなる。いっぽう，教師が生徒に対して常に低いステータスでいると，守ってくれる存在がなくなり，生徒は不安になり，自然発生になれなくなる。教師は生徒との関係における自らのステータスを常に認識し，高いステータスと低いステータスを使い分けなければならない。

・段階の進め方

　インプロのワークショップでは，生徒は自らが経験したことのない危険な領域に入っていく。その際，まず，リラックスした状態で，最も危険から遠いところから入っていく。そして少しずつ，恐怖に自分を慣らしていきながら進んでいく。ワークショップでやる内容は，最初は基本的なゲームから入

り，少しずつ生徒の抱える問題に入っていく。そして，もしうまくいかなかったり，アクティビティがつらくなってきたりしたら，すぐに基本的なものに戻る。場面を演じるときも，最初は「20秒のシーンをやります」などと言い，「これから長いシーンをつくらなければならない」と生徒が苦痛を感じることがないようにする。せりふにもし不安があるなら，教師がサイドコーチ（P.93参照）の中でせりふを与えていく。そうして，少しずつシーンの長さを長くしたり，裁量をより生徒に与えたりするのである。

・逆の教え方

逆の教え方とは，インプロでしないほうがよいこと，教師がしてほしくないことを，あえてしてみることである。生徒はそれをしてみることで，それが何かを身をもって知ることができる。もしいままでそのことを無意識的に行っていたなら，それを意識化することができる。また，実際にそれを行うとどんなにうまくいかないか，いやな感じがするかを経験できる。

この「悪くやる」ということは，適所で使うとワークショップの雰囲気をよくできる。してはいけないと言われることをするのはそれ自体楽しみを含んでいるし，うまくやらなければいけないという雰囲気やプレッシャーを取り去ることができるからである。プレッシャーを強く感じている生徒がいるときは，「できるだけ悪くシーンをやるように」と言うこともある。

6 学びの場づくり

ジョンストンは学びをストレスのないものにすることを大切だと考えている。学ぶことはストレスだと感じる人は多いだろう。しかし，もし学ぶことがストレスでなくなれば，人は学ぶことが楽しくなるし，学び続けたいと思うようになる。そのために学びの場をどのようにしようとしているのだろう。

一つ目にめざすのは，笑いがあり，楽しく，生徒たちが熱中している場である。笑っているときには，人はオープンになる。すると外からの情報を取り込みやすくなる。また，熱中することで，自然発生的な状態になっていく。

逆に，つらいこと，楽しくないことを決して無理に続けないようにという。

二つ目にめざすのは安全な場である。インプロの中で，恐怖を感じると，インプロをすることがストレスになり，続けたくなくなってしまう。特に，失敗の恐怖を減らすことは重要である。「悪くやること」「失敗すること」によって人は学ぶことができる。ジョンストンはお互いに失敗を楽しみ合い，いろいろな実験ができるような場にしたいと考えている。

7 ジョンストンの本

1979年には著書『インプロ（*Impro*）』が出版された（三輪えり花訳『インプロ』而立書房，2012）。この本には，彼の個人史のほか，ステータス（役同士の権力的な関係性），自然発生，ストーリー，仮面について書かれている。

1999年にはインプロに関する二冊目の著書『インプロ・フォア・ストーリーテラーズ（*Impro for Storytellers*）』を出版した。この本では，彼のつくったインプロ上演形式であるシアタースポーツやゴリラシアターについて，また，自然発生，ストーリー，キャラクター，いまここにいること（俳優の存在感），ゲームや技術的なことについてまで幅広く書かれている。

（高尾　隆）

◎まとめ
- **主著**：*Impro*(1979／三輪えり花訳『インプロ』而立書房，2012), *Impro for Storytellers.* (1999)
- **主目的**：人がもともともっている創造性や表現力を引き出す。
- **理論の特徴**：自由な創造性や表現力を検閲する恐怖をなくしていく。
- **方法論の特徴**：ゲームを中心として，ストレスのない学びの空間で学ぶ。

参考・引用文献

- 高尾隆『インプロ教育——即興演劇は創造性を育てるか？』フィルムアート社，2006.

◎ ヴァイオラ・スポーリン
インプロヴィゼーション

> シアターゲームのワークショップは子どもたちの，話したり，書いたり，からだを使ったりしてコミュニケーションをとる能力を高めるのにとてもよい。シアターゲームはエネルギーの源であり，集中，問題解決，協力にかかわる子どもたちのスキルを発達させる力となる。(Spolin, *Theater Games for the Classroom : A Teacher's Handbook*)

1 スポーリンについて

ヴァイオラ・スポーリンは1906年，アメリカのシカゴで生まれた。1920年代，社会福祉施設の職員として働こうと考えて勉強していた彼女は，彼女に大きな影響を与える人物と出会う。社会学者ネヴァ・ボイドである。

ボイドはグループ・リーダーシップ，レクリエーション，ソーシャルグループワークなどを研究し，指導していた。スポーリンはボイドとともに，シカゴのネヴァ・ボイド・グループワーク・スクールで，ゲームを活用してスラム街の子どもたちや，移民の子どもたちがうまく社会的にふるまえるようになるための実践を始める。

Viola Spolin
(1906-1994)

1939年から，スポーリンは雇用促進局シカゴ支部のレクリエーション・プロジェクトのドラマ・スーパーバイザーを務める。その中で彼女は，文化的，民族的な壁を越えることができる演劇トレーニングのシステムを，それも簡単に使えるものをつくる必要があると感じる。ボイドと活動していたころの経験をもとに，スポーリンは多くのゲームを考えた。これらはのちに「シアターゲーム」と呼ばれるようになる。個性，創造性，適応に焦点を当てた

ゲームの根本には,「遊びはすでにそれぞれの子どもがもつ創造的に自己表現する能力を引き出す」という考え方があった。

1946年,スポーリンはハリウッドでヤング・アクターズ・カンパニーを設立し,演出をした。この劇団は6歳以上の子どもが演じる劇団である。ここでも彼女は作品上演のための稽古にシアターゲームを使った。

1955年にスポーリンはシカゴに戻り,アメリカ初のインプロ(即興演劇)劇団コンパスのためにシアターゲームのワークショップを行った。コンパスは,のちにセカンド・シティという名前になり,スポーリンはそこで息子のポール・シルズとともにシアターゲームのワークショップを行っている。セカンド・シティは,現在でも即興から演劇をつくる世界有数のコメディ劇団で,公演やワークショップを行うとともに,多くの俳優たちを輩出している。

1965年には,シルズとともにシカゴにゲーム・センターを設立した。そこでは,観客にシアターゲームに参加してもらうことで,演じる俳優と観るだけの観客の間の壁を取り払おうとする画期的な試みが行われた。しかし,興行的にはあまりうまくいかず,わずか数か月で劇場は閉鎖となった。

その後,1970年代,スポーリンは,シルズの作品づくりの特別顧問の役割を果たしたり,テレビ俳優のためのワークショップを行ったりした。そして1976年,ハリウッドにスポーリン・シアターゲーム・センターを設立し,シアターゲームを教え続けた。1979年にはイーストミシガン大学から名誉博士号を受けた。1994年に88歳で没した。

> **シアターゲーム**
> ゲーム形式の演劇エクササイズ。このゲームに楽しんで取り組んでいくうちに,子どもたちの抱える問題が解決され,能力が引き出されるようになっている。

2　スポーリンのシアターゲーム

　スポーリンの方法の一番の特徴はシアターゲームである。ゲームはすべて即興で，脚本などは使わない。ゲームの構造は単純で，だれでも使える。複雑な演劇の決まりごとや技術がゲームの形に落とし込まれている。すべてのゲームは，ある具体的な問題や目的から生まれている。そして，自己中心的にやろうとすると，ゲーム自体がうまくいかなくなるようにできている。

　スポーリンはシアターゲームをつくり始めたころのことについて，次のように言っている。「ゲームは必要性から生まれた。家で座って思い浮かべたのではない。問題が生じたら，ゲームをつくった。また別の問題が起こったら，また新しいゲームをつくった」

　ゲームを遊びのように楽しく行っていると，感覚を高め，自分への気づきを促し，相手とのコミュニケーションをよりうまくとれるようになってくる。それゆえに，彼女のシアターゲームの理論は，演技トレーニングとしてだけではなく，教育学や心理学，コミュニケーション学といった，演劇とは直接関係ない分野からも注目されるようになったのである。

3　シアターゲームの例

　スポーリンは 200 以上のゲームをつくった。その中には，例えば，次のようなものがある。

- ミラー（Mirror）

　ペアになって向かい合う。一人が人間になり，もう一人が鏡に映る像となる。人間が動くのに従って鏡の中の像も同時に動く。頭から足まで，顔の表情まですべてを同じようにする。しばらくたったら，人間と鏡を交代する。

　発展型として，どちらも人間でもありどちらも鏡であるというようにして，どちらかがリードしたり，どちらかがフォローしたりしない「フォロー・ザ・フィロワー」（Follow the Follower），どちらが人間でどちらが鏡かを観客

が当てる「鏡はだれ？」（Who is the Mirror?）などもある。
- ジブリッシュ（Gibberish）

　ジブリッシュとは「めちゃくちゃ言葉」のこと。意味をなさない音の連なりであるジブリッシュをあたかも言葉のように使う。外国語をしゃべる人のようにジブリッシュで会話をしてみる。からだの動きもつけてみる。

　教室の場面で教師と生徒の会話をしたり，観客に物を売るシーンをしたりもできる。また，英語で始め，「ジブリッシュ！」と言われたらせりふがジブリッシュに変わり，またしばらくして「英語！」と言われたら英語に変わる「ジブリッシュ－英語」（Gibberish/English）というゲームもある。
- コンタクト（Contact）

　場面設定を決めてから2人以上でシーンをする。何かを話すときには，必ずだれかに触れていなければならない。うなずくなど，言葉を使わないコミュニケーションは相手に触れていなくても，してもいい。

　人に触れたりアイコンタクトをしたりするのが苦手な人には，それらに慣れるためによいゲームであるし，非言語コミュニケーションを発達させるのにもよい。また舞台に多くの動きによる表現を取り入れることもできる。

4　スポーリンの理論の主要な概念

　スポーリンはゲームによってワークショップを構成する。ゲームはある問題を解決することを目的にできている。しかし，ゲームの形になっているので，それを楽しんで行っているうちに，意識的に努力することなく演劇のスキルがからだの中に入ってくるのである。教師からの講義という学び方ではなく，何かを行うことによって，体験的に学ぶ学び方である。

　彼女のつくったゲームは，次のようなことを意識してつくられている。
- 身体化（physicalization）

　考えたことは頭の中にあっただけでは伝わらない。まして舞台では，それを話で伝えるのではなく，からだを使って形あるものをつくることによって

伝えていく。この，言葉で説明するのではなくからだでやってみせることを身体化という。からだを使ったコミュニケーションであるともいえる。シアターゲームでは，それをその場で即興的に行う。

スポーリンは「演技とは，何かをすることである」と述べている。考えているだけ，あるいは，それを言葉で説明するだけでなく，からだを使ってやってみることを大事にしている。

人だけでなく，物，態度，あるいは関係などの抽象的なものもからだを使って表すことができる。もしからだを使って物になると，その物があたかも命をもっているように表現することができる。

・自然発生（spontaneity）

自然発生とは，アイデアを考えてひねり出したり，次にやることを無理矢理考え出したりするのではなく，自分の中からアイデアが自然に生まれてきたり，からだが自然に動き出したりすることである。意識的に生み出すのではなく，何かが意識することなく自然に生まれてくることである。自然発生の状態では，周りのものや人とかかわっているうちに，意識することなくアイデアが生まれてくる。また，それをためらうことなく表現することができる。スポーリンは，それを「爆発の瞬間」と呼ぶ。

スポーリンは，バランスが崩れた瞬間に自然発生が起こりやすいと考える。何か予想もしない危機的なことが起こったときに，人は未知なる世界に入り，そこでは思いもしなかったようなアイデアや行動が出てくる。それは，直観への入り口ともなる。

・直観（intuition）

人は何かとかかわることによって経験をする。しかしこのかかわりにはいろいろなレベルがある。例えば，チューリップの花とかかわるときに，これはチューリップだ，赤い花だと知的に認識するかかわりがあるし，花に触れたり，においをかいだりしてからだを通して感覚的に感じるかかわりもある。

直観とは，これらの知性，感覚，身体すべてを使って総体的にかかわることをいう。直観はこころとからだ，過去の知識と現在の認識を統合する。こ

ころとからだによって得られる超越的な知である。

　直観は自然発生の状態のときに起こりやすい。突然，ハッとすべてのことがわかる瞬間，わからなくて悶々としているところに光が差してくるような瞬間，そのような状態のことを直観と表現する。この状態になったときには，人とかかわったり，演技したりすることが自由にできるようになる。

　この直観をシーンの中で使うことを，教えることは不可能である。教師はただゲームの中で，その中に飛び込めるように促すだけである。

- 観客（audience）

　演劇のトレーニングの中には，観客を意識しないようにさせるものもある。しかしスポーリンはそれを批判する。観客が演劇を構成する最も大事な要素であり，俳優は観客を意識しなければいけないと彼女は考える。

　観客を批評家として，あるいはただの友達として考えるのではなく，観客もシアターゲームの参加者であり，シアターゲームの体験を共有する集団と考える。そうすると，俳優は観客にアピールするために演技をする必要がなくなる。新しい俳優と観客の関係性が生まれる。

　スポーリンは観客をこのような存在と考えることで，まったく新しいスタイルの演劇が生み出せるのではないかと考えていた。この考え方から，いくつかのインプロ（即興演劇）の劇団が生まれてきた。

- 変容（transformation）

　スポーリンは即興，創造性の本質は変容であると考える。からだを動かし，仲間の俳優とエネルギーを交換しているうちに，自然発生の状態になり，直観を使うことができるようになる。そうすると，舞台上で，あるものを思いもしない方向に変化させたり，まったく新しい何かをつくり出したりすることができる。彼女は，これを「演劇の魔法」と呼んだ。

5　スポーリンの教え方の特徴

　スポーリンは 1986 年に『授業のためのシアターゲーム：教師の手引き

(*Theatre Games for the Classroom: A Teacher's Handbook*）を出版した。

　その冒頭で，スポーリンは，「この本は，教室でシアターゲームのワークショップを構成するための一歩一歩のガイドで，演劇のトレーニングを受けた経験がほとんどない，あるいは，まったくない教師に向けてつくられています」と述べている。彼女はだれでも教えられるようにとシアターゲームを洗練させたのである。

　スポーリンは著書でゲームを紹介するときに，目的，焦点，やり方，注意点，サイドコーチング，評価について書いている。まずこれらを見ていこう。

・目的（purpose）

　そのゲームをすることで教師が得たいと思っているおもなもの。それぞれのゲームはいろいろな使い方ができるが，教師は目標を設定することで，教室で起こるある問題に対してゲームを適用させることができる。

・焦点（focus）

　ゲームの間，生徒がずっと意識し続けなければならないこと。これによってゲームの間中，つねに生徒たちはゲームにかかわり続けることができる。

　焦点は，生徒がこのゲームの中で解決しなければならない問題である。教師はゲームを説明するときに，焦点についても説明する。そのことで，生徒はゲームの間，焦点に気を配り続けることができる。焦点に気を配ることで，ゲームに必要なエネルギーが出続けることになる。そして焦点に集中することで，いまこの瞬間に入り込むことができるし，偏見を取り去ったり，お互いに助け合ったり，自然なかかわり合いを生み出したりすることができる。

・やり方（description）

　ゲームのやり方を説明するもの。どのように始めるか，いつサイドコーチ（P.93参照）を入れるか，いつ終わるかなどについても書いてある。

・注意点（notes）

　どのようにするとゲームをうまく進行させられるか，どういうところでうまくいかなくなる可能性があるか，どうしたら解決できるか，どのようなことが起こりうるか，関連するゲームはどれかなどについて書いてある。

- サイドコーチング（sidecoaching）

「○○して」など，ゲーム中に教師から投げかけられる言葉である。生徒たちが焦点に集中し続けるためのものである。生徒たちを観察している中で，生徒が焦点を見失っているようなときなど，必要なときに必要な言葉が自然に発せられる。生徒を焦点のほうに向けたり，かかわり合いをつくったり，動きを与えたり，変化をさせたりする。

最初は本に載っている言葉を投げかけることから始め，徐々にその集団に合わせた自分なりの言葉を投げかけられるとよい。

かける言葉はシンプルで直接的なものがよい。そして教師も仲間となって一緒にゲームをしているという立場がよい。だれか個人を修正するというよりも，全体が焦点に向かっていけるようにできるとよい。

- 評価（evaluation）

判断を下したり，批判をしたりするものではない。評価は焦点から生まれてくるものである。焦点のもととなっていた問題が解決されたかどうかを聞くことによって進められる。ゲームを見ていた人にどう見えていたかを聞いてもよい。そして，その意見についてどう思うかゲームをしていた人に聞いてもよい。自由な雰囲気ですべての人に意見を言う機会が与えられていることが重要である。教師は，どういうのが正しいやり方なのかについて意見を言いがちになるが，それよりもお互いに何が見えていたのかを共有するほうがよい。正しい／間違っている，よい／悪いという評価軸で評価をしない。

教師は，それぞれのゲームにおいて書かれているこれらのことをもとにして，必要なゲームを適切に行うことができるのである。

特に焦点，サイドコーチ，評価という概念は，スポーリンの賞賛／否定（approval/disapproval）に関する考え方に基づいたものである。人には賞賛を受けたい，否定をされたくないという欲求があり，そこから自由になることはむずかしい。しかし，賞賛を求めるようになると，自己中心的となり，強く自己アピールをするようになってしまう。また，否定されることを恐れると，臆病になり，前に進むことを恐れてしまう。

そして、何より問題なのは、生きるうえでつねに権威からの賞賛や否定を求めるような姿勢を身につけてしまうことである。そして探求や問題の解決は二の次になってしまう。こうした受け身姿勢は、権威にすべてを預け、自分の責任を放棄することにつながってしまう。このような賞賛／否定の生徒への影響、自分への影響に気づくことが大事である。そして、評価を、焦点に基づくものにし、問題が解決されたかどうかをめぐって行うようにすることが重要である。

6 スポーリンの本

スポーリンは、洗練させていった自らのシアターゲームの理論を、1963年、『演劇のための即興（*Improvisation for the Theatre*）』という本にまとめた（大野あきひこ訳『即興術』未來社、2005）。この本には220のゲーム／エクササイズが載っている。演技指導者や教育者に長く読まれている本である。

この本は、ワークショップの指導者のための俳優訓練を目的に書かれた本である。特に、稽古において、俳優の「即興技術（improvisational techniques）」を養成するためである。この本の冒頭部分でスポーリンは、「だれでもが演技でき、だれでもが即興できる。望めばだれでも、劇場で演じることができる」と述べている。

また、非常に独特な出版物に、1975年に出された『シアターゲームファイル（*Theatre Game Files*）』がある。箱の中にたくさんのカードが入っている。一枚のカードに一つのシアターゲームが紹介されている。そのカードの裏表にはゲームの目的、やり方、注意事項など、ゲームを行うのに必要なことが書かれている。これは学校の教師が手軽にシアターゲームを使えるように工夫されたものだ。教師は、これからやりたいゲームのカードを一枚だけ教室に持って行けばよい。そして、そのカードを見ながら説明すれば、子どもたちとシアターゲームをすることができるのである。

（高尾　隆）

◎まとめ

- **主著**：*Improvisation for the Theatre.*（1963／大野あきひこ訳『即興術──シアターゲームによる俳優トレーニング』未來社，2005），*Theater Games for the Classroom : A Teacher's Handbook.*（1986），*Theater Game File.*（1975），*Theater Games for Rehearsal : A Director's Handbook.*（1985），*Theater Games for the Lone Actor.*（2001）
- **主目的**：遊びによって子どもがもつ創造的に自己表現する能力を引き出す。
- **理論の特徴**：シアターゲームを用いた即興表現を体験しながら楽しく学ぶ。
- **方法論の特徴**：焦点に集中することで問題を解決していく。

参考・引用文献

- 小林由利子「クリエイティブ・ドラマの方法論の考察（3）── Viola Spolin の『ゲーム』の検討を通して」『帝京大学文学部紀要（教育学）』22, 1997, pp.251-263.

エンカウンター

　エンカウンターは文字どおりの意味は「出会い」である。相手に対してほんとうに思っていることを表現し合うことによって，自分を見つめ直し，成長のきっかけとしていくことを目的とした活動である。1940年代後半にアメリカで生まれ，もともとはTグループなどとも呼ばれていた。自己表現や対人関係の能力を開発したい健康な人たちが参加者となる集団的な活動である。

　エンカウンターには大きく分けて，内容も方法も事前に決めずに，その場で参加者が決めながらつくっていく非構成的グループ・エンカウンターと，リーダーが内容や方法を決めたりリーダーシップを発揮したりしながら進めていく構成的グループ・エンカウンターがある。エクササイズには，身体的なもの，集団で行うもの，創造的なものなど，ドラマ教育のアクティビティと近いものがいくつかある。　　（高尾　隆）

第2章　ドラマ教育の方法

◎ ジョナサン・ニーランズ
Drama in Education──コンベンションズ・アプローチ

> ドラマは実践的で直観的であり，感情と同時に知性にかかわる。
> (Neelands, *Making Sense of Drama : A Guide to Classroom Practice*)

1 背景（成り立ち）

　ジョナサン・ニーランズは，イギリスのロンドン生まれで，カナダ移民のビジネスマンである祖父と近しい関係で育ち，6歳から大学入学まで全寮制学校で過ごす。ノッティンガムとレスターシャーの中学校で20年以上ドラマと英語を教え，その後ノーサンプトンシャーのドラマと英語の指導主事として多くの小・中学校の教師を指導した。

　現在は，ウォーリック大学教育学部ドラマ・演劇教育プログラムの主任教授であり，教授

Jonothan Neelands
（1952- ）

－学習方法学科長である。国内の教育とドラマにかかわるさまざまなプロジェクトにかかわっている。近年，ロイヤル・シェイクスピア劇団の教育プログラムにかかわり，俳優たちが中等学校で授業を行うときのための研修を担当している。政府による才能ある児童青少年俳優育成研修の審議委員である。また，ドラマ教育の経験豊かなファシリテーターとして，国内外で多くのワークショップを行っている。

2 事例

　ニーランズがファシリテーター（以下Fと略）として『ブロディンとい

う怪獣』(Morpurgo, 1995)という絵本からドラマ活動を展開した事例である。

セッション1：円形に座り，絵本の1ページ目をFが読む。次に参加者が，Fの指示に従いながら，一人あるいは全員で，単語や節で切ったり，それぞれが語りたい長さで言ったり，文を自由に解釈したり，唱和したり，できるだけ怖くしたりなどして，繰り返し読む。

セッション2：ブロディンの叫び声を考えて，表現する。

セッション3：グループに分かれてブロディンという怪獣を，からだを使ってつくる。そして，Fに肩を触れられたら自分の担当している部位を演じながら「巨大な胴体」「強いしっぽ」など形容詞をつけて言う。

セッション4：もうすぐブロディンが来る村の絵本の絵を見て，ペアになり，描かれている人物を選び，同じポーズをして静止画をつくる。Fに指示されたら，静止画を解き，ペアでその静止画の続きの場面を即興で行う。終わりの合図があったら，その場でフリーズする。

セッション5：参加者全員が村人になって円形に座る。Fはティーチャー・イン・ロールで村人になり「ブロディンが火を吐いているのを見た」「ブロディンが子どもを食べるのを見た」などと近くの村人に話し，隣の村人に伝えるように言う。うわさが広まり始めたら，Fは村人から長老になり，村人たちを静かにさせ「ブロディンについて知っていることはあるか」と尋ねる。村人たちは，ブロディンについて知っていることをうわさも含めて自由に話す。Fは，長老を演じながら村の会議を進行する。

セッション6：長老は，村人全員に歩き回るように言う。村人たちは，ファシリテーターに戻ったFに「グループ3」と指示されると，3人組になりブロディンについて情報を交換する。また「歩き回りましょう」と指示されるとばらばらになって歩き回り，指示された人数のグループに分かれ話し合いを繰り返すことで，ブロディンのうわさが徐々に広がっていく。

セッション7：村人は参加者に戻る。Fが創作した「ブロディンが来た村に残された子どもの4日間の日記」が配られる。グループに分かれてその日記の場面をつくり，お互いに観合う。

セッション8：一人がブロディンの来た町から運よく逃れて生き残った人になり，ホット・シートに座る。残りの参加者は，さまざまな質問をする。

> **ホット・シーティング**
>
> 参加者が役を演じる場合も，参加者のままである場合もある。参加者の一人またはファシリテーターが，ある登場人物になり，中央に設定したいす（ホット・シート）に座り質問やインタビューをされる。ある静止画の場面で行われる場合もあるし，ほかの参加者と向かい合って質問される場合もある。

セッション9：Fは長老になり，村人を集め，ブロディンがじきにやってくるが，これからどうするかを話し合う。長老は，村人の提案を「山奥に逃げる」という案以外はすべて論争の末に却下する。山奥に逃げることに決まると，自宅から大切なものを一つだけ持ち出し，家に火をつけて，急いで再集合するように指示する。全員が集まったら，一斉に山に逃げる。

セッション10：村人が全員逃げたところで，Fはブロディン社という石油会社の社員になり，ヘリコプターに乗って登場する。ブロディン社の社員は，村人にブロディン社が村人に対して，食料をふんだんに提供する・学校や病院を建てるなど，さまざまな利益を提供すると説明する。この社員は村人の代表と話し合いたいことを伝え，明日戻ってくると告げて退場する。山奥に隠れていた村人の話し合いがひと段落したところで，ブロディン社の社員が再登場し，村人たちに隠れていないで出てくるように呼びかける。少し間をおき，Fは村人のままでいる参加者にドラマ活動の終了を告げ，元の参加者に戻るように言う。

3 ドラマ教育についての考え方

1 学習内容／目的

ニーランズの1980年代のドラマ教育の目的は，子どもたちがすでにもっ

ている文化的資源を彼らが慣れ親しんだやり方で発展させることである。彼は，著書"*Beginning Drama 11-14*"（1997）のなかで，その目的を，ナショナル・カリキュラムとGCSE[1]に照らし合わせながら，個人的なことや社会的なことにかかわるモラル教育としてのドラマ，英語としてのドラマ，教科科目としてのドラマ，という3つの視点から示している。

彼は基本的に，演劇（theatre）とは，人が自分自身ではなく，ある時代のある人だったと想像し，具体的に行為してみて，このことをグループで共有する経験である，と考えている。

ニーランズのドラマ教育の目的の根幹は，ドラマを現代社会の文脈につなげて参加者に新しい知見に気づかせることにある。社会の諸問題を自分に引き寄せて個人的な立場と社会的な立場で考えさせる。さらにこれらの経験が何らかの芸術的経験としても感じられるようにドラマ活動を構成する。

2 理論

ニーランズは，学校教育におけるドラマを次の7つの視点でとらえている（Neelands, 1983, pp.6-7）。

①ドラマは，児童中心主義であると同時に教師がかかわる学習活動である。
②ドラマは，想像された経験を構成する。
③ドラマは，実践的で直観的であり，感情と同時に知性にかかわる。
④ドラマは，現実世界を模しながら同じような想像されたアクションと言葉を通して，人間の存在意義をつくり出し解釈する社会的で双方向的なやり方である。
⑤ドラマは，学習者にとって有意義でいきいきとした過程としてとらえられるべきである。
⑥ドラマは，専門家によってなされるものでも，特別な空間で行われるものでもない。

1　General Certificate of Secondary Education。イギリスの一般中等教育修了証（試験）。この試験をもって，義務教育を修了したと見なされる。普通16歳で受験する。

第2章　ドラマ教育の方法

⑦ドラマは，子どもの劇的遊びにその起源をもち，演劇という芸術形式にあとでつながっていく連続体の一部である。

彼は，ピーター・スレイド（P.52参照）やブライアン・ウェイ（P.44参照）の児童中心主義の考え方を継承しながら，ドロシー・ヘスカット（P.54参照）やギャビン・ボルトンの考えを方法論において融合させ，ドラマを学校教育の教育課程に位置づけることに焦点を合わせている。そして，ドラマが子どもの劇的遊びをルーツにし，芸術としての演劇につながっていくという「遊び／ドラマ／演劇」という一つの連続体として明確にとらえている。したがって，ニーランズのドラマ教育は，演劇作品を上演することを目的にする演劇と対立するものではなく，一つの連続体として位置づけられている。

彼は，ドラマをどのようにしたら学校教育の教育課程に位置づけられるか，学級担任がドラマを授業に導入するにはどうしたらよいか，について常に考え，理論と方法論を提示してきた。そして，文学作品の登場人物の気持ちを理解するためではなく，文学作品を使っていかに現実社会について理解するかに焦点を合わせている。

彼は，「コンベンションズ・アプローチ」という教師がドラマ活動を構成するための方法論を開発した。ドラマ活動で慣習的に使われてきた技法等を72のコンベンション（ティーチャー・イン・ロール，静止画，ホット・シーティングなど）をあげ，概説，文化的関連，学習機会，事例という4つの項目を設定して，教師が教室でドラマを使えるように簡潔に示した。

コンベンションごとに活動例が示されているが，彼は，これらの活動例が，授業あるいはワークショップとして完全なものではないと指摘している。これらは，読者にわかりやすくするために，一連のドラマ・プログラムの一部から抽出した活動例である。通常ならドラマ活動は，テーマから小セッションを構成し，それに適切なコンベンションを選択しながら，複雑なドラマ・プログラムをつくる。

72の技法をあげたのは，ドラマ活動の技法リストをつくるためではなく，教師が適切に一連のドラマ活動を構成するために，コンベンションというさ

まざまな技法を知るためである（Neelands & Goode, 2000, p.8）。教師は，①グループの必要性と経験，②ドラマのための内容の選択，③学習のための機会について考え，関係性を考えてドラマ活動を計画する必要がある。

4 おもな方法論の特徴

◆ ドラマのルーツは劇的遊びであり，ドラマは演劇につながる

ニーランズのドラマ活動は，現代社会が抱えている問題を隠喩的に取り上げ，参加者に深刻なテーマを考えさせるが，どこか面白さ，楽しさが存在する。これは，ドラマのルーツは子どもの劇的遊びである，と彼が考えるからである。子どもがごっこ遊びに入ったり，現実世界に戻ったり，また入ったり，という構造が彼のドラマ活動にもみられる。彼は，ドラマと演劇を一連のつながりとして考え，演劇作品の上演で得られることだけではなく，そこに至る過程においても学びの機会があることを指摘している。(Neelands & Goode, 2000, p.105)。

◆ Theatre in Education 的文脈のためのプロセス・モデル

物語の一部から，絵本の1ページから，新聞広告から，詩の一節からなど，さまざまなことからニーランズのドラマ活動は始まるが，必ず最後には現代の社会的文脈につなげられている。例えば，『ブロディンという怪獣』という先述した絵本から，最終的に現代アメリカの中東政策につなげている。

彼の「Theatre in Education 的文脈のためのプロセス・モデル」は，図1に示されている。第1段階の出発点は，コンセプトが何であるかを見きわめることである。図1の資料には，「自由」という概念，新聞記事の切り抜き，戯曲，彫刻，地図・図表，歌詞，物語，写真・絵画，中高の歴史資料，詩，日記，音楽，グループの感情表現などがある。

第2段階は，心理的に自己の内面に働きかけたり，自分自身とのかかわり

第2章　ドラマ教育の方法

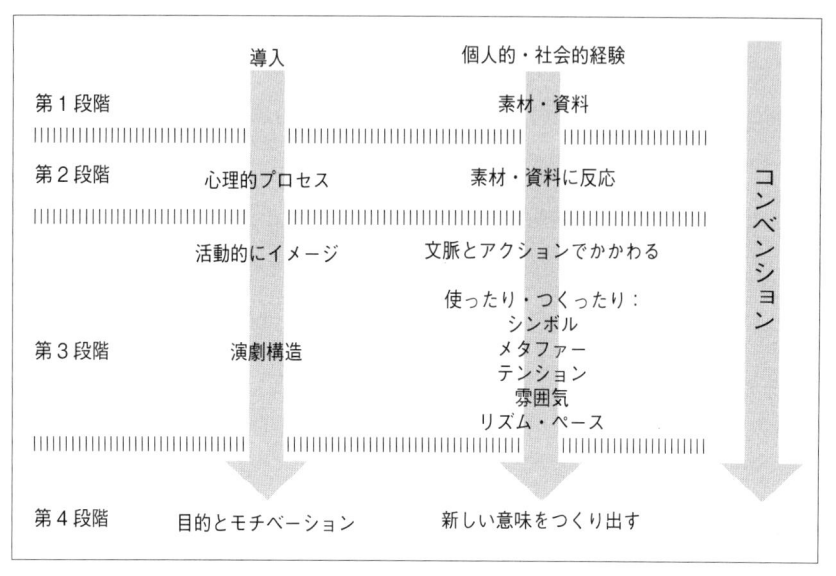

	導入	個人的・社会的経験	
第1段階		素材・資料	コ
第2段階	心理的プロセス	素材・資料に反応	ン
	活動的にイメージ	文脈とアクションでかかわる	ベ
第3段階	演劇構造	使ったり・つくったり： シンボル メタファー テンション 雰囲気 リズム・ペース	ン シ ョ ン
第4段階	目的とモチベーション	新しい意味をつくり出す	

図1　Theatre in Education 的文脈のためのプロセス・モデル
（Neelands & Goode, 2000, p.100）

を自覚したりすることである。この段階で，前述したさまざまな資料に，自分自身の言葉やイメージや感情を結びつけてみる。

　第3段階は，イメージの活性化である。第2段階の資料と言葉・イメージ・

TIE（Theatre in Education）

TIE（Theatre in Education）は，1960年代中期にイギリスのコベントリー市立ベルグレード劇場の教育プログラムとして創始された。TIE は，「アクター／ティーチャーズ」と呼ばれる，演劇と教育のバックグラウンドをもったプロの俳優グループによって，地域に密着したテーマが選択され，詳細に調査されてつくられる，演劇プログラムである。TIE プログラムには，子どもたちも登場人物として即興的に演劇に参加できる。数日あるいは少なくとも半日をかけて，学校の教室やホールなどで実施される，参加型演劇活動である。

感情を結びつけたことを，具体的な行為へ移行する段階である。言いかえれば，文脈とアクションの中で意味，テーマ，自己，他者，社会的問題などを探求するのである。

第4段階は，演劇構造である。つまり，資料と言葉・イメージ・感情を結びつけ，その裏に隠されている意味を生み出すことである。

▶ コンベンションズ・アプローチ

ドラマと演劇において使われている技法やきまりごとなどを72あげ，ドラマ活動をテーマや目的から構成するときに使っている。ニーランズは，ドラマ活動の内容と技法としてのコンベンションが結びつけられることで，参加者がその関係性に気づくという過程に演劇という芸術的経験が含まれていると考えている。

彼は，"Structuring Drama work : A Handbook of Available Forms in Theatre and Drama"（2000）において，ドラマ活動を構成するときに使用できる72の「コンベンション」を示した。彼は，同書でドラマ活動の「目的」ではなく，「学習機会（Learning Opportunity）」という言葉を使用することにより，ドラマを経験することで，参加者がどのような経験を重ねる可能性があるかを強調した。目的の達成・未達成という視点で考えず，参加者がどのような経験をしたかを重視したのである。

▶ 導入としての刺激物

文学作品を劇化するという活動よりも，文学作品の一部をドラマ活動の導入として使う場合が多い。その一部から，背後にあるかもしれない世界を参加者と共につくっていき，文学作品に含まれる要素を現実の社会的文脈とつなげていく。参加者にいままで知っていたけれども意識に上がってこなかったことに気づかせて，新しい意味をつくり出す機会を提供する。そして，文学作品をなぞっていくのではなく，ニーランズが創作した短いセッションにつなげていく。つまり，ニーランズは文学作品の劇化を目的にドラマ活動を

行っていない。文学作品はドラマ活動の導入のための刺激物である。

◆ 個人的・社会的学習と美的学習の相互・同時的経験

図2で示されているように，ニーランズのドラマ活動は，テーマとして個人的・社会的問題や教科を取り上げても，どこかで参加者が美的な経験ができるように構成されている。つまり，個人的・社会的学習と美的学習が，相互に関係しながら同時に経験できるようになっている。したがって，彼のドラマは参加者の深層に働きかけることになる。

```
                    教科的学習
                   （特定目標）

・計画／発表のアイデア              ・パフォーマンス技能の発達
・聞く技法の発達                    ・付随的な技法の発達：演出，照明，デザイン
・問題解決の発達                    ・文脈にあった言語とジェスチャーの使用
・さまざまなグループでも自主的な作業  ・コンベンションを選ぶための判断基準を高めること
・文脈にかかわる知識と情報          ・演劇専門用語について発展させること
・態度についての複雑な合意をつくり保持する能力  ・新しいコンベンションも管理／評価
・他者のほんとうの必要性を無視することなしに象徴的に作業するための能力  ・アクションを構成し，個人的で他者の必要性に対して適切な文脈を選ぶ能力
                                    ・アクションの異なる様式について知り，反応する能力

個人的・                                                         美的
社会的学習                                                       学習

・概念的学習：正義，公正，思いやり   ・シンボル，イメージ，メタファーに個人的につながりをもつこと
・他者に対する共感的理解            ・登場人物とイベントへの同一化
・グループでの他者の必要性についての洞察を獲得すること  ・内容とコンベンションの適合を通して開かれる新しい理解
・自己／グループの自己イメージを高めること  ・演劇のための文化的利用の発見
・ドラマの中でリスクをおかすことと実験的なことをすることを通して新しい自己の見識を発見すること  ・社会的メタファーからの学習による態度と意見の変化

                    表現的学習
                   （非特定目標）
```

図2　ドラマ／演劇活動の短期的・長期的目標

▶ 表現的学習と教科的学習の関係性

　ニーランズのドラマ活動は，教科を取り上げた場合でも表現教育にかかわる要素が含まれ，表現教育を取り上げても教科にかかわる要素が含まれている（図2参照）。両者をつなげながら，ドラマを教育課程に位置づけることをニーランズは考えている。最終的に，現在抱えている社会的問題の文脈につなげ，参加者がこれらの問題を考えたり，従来の偏見を変えたり，新しい見識を得たりする機会等を劇的に経験する場を提供する。　　　（小林由利子）

> ◎まとめ
> - **主著**：*Making Sense of Drama : A Guide to Classroom Practice.*（1984），*Structuring Drama work : A Handbook of Available Forms in Theatre and Drama.*（1990，2000）
> - **主目的**：個人的／社会的学習，美的学習，教科的学習，表現的学習。
> - **理論の特徴**：ドラマのルーツは子どもの劇的遊び，ドラマと演劇とのつながり，短いセッションの組み合わせによるプログラム。
> - **方法論の特徴**：コンベンションズ・アプローチ。

　　引用・参考文献

- 小林由利子「イギリスのドラマ教育の考察（10）――ウォーリック大学のドラマ教育と演劇教育修士プログラムの検討（Ⅰ）」『川村学園女子大学研究紀要』16（2），2005，pp.1-11.
- Morpurgo, Michael.; illustrated by Balit, Christina. *Blodin the Beast.* Frances Lincoln Publishers Ltd, 1995.
- Neelands, Jonothan. *Making Sense of Drama: A Guide to Classroom Practice.* Oxford : Heinemann Education, 1983.
- Neelands, *Beginning Drama 11-14.* London : David Fulton., 1997.
- Neelands, & Goode, Tony. *Structuring Drama work : A Handbook of Available Forms in Theatre and Drama.* 2nd ed., Cambridge: Cambridge University Press, 2000.
- ニーランズ，J.・渡部淳『教育方法としてのドラマ』晩成書房，2009.

◎ ベルトルト・ブレヒトの教育劇と演劇教育
社会改革のための新しい演劇形式の開発

> 真理を完全化しつつ，人類を変革したならば，変革された人類をさらに変革しろ。成果は放棄しろ！（ブレヒト『了解についてのバーデン教育劇』）

1 ブレヒトという演劇人

ドイツの劇作家で演出家ベルトルト・ブレヒトの演劇活動はおおよそ３つの時期に区分できる。

第一期 生地アウクスブルクやミュンヘンで活動を開始，ベルリンでの『三文オペラ』の成功後，1933年に亡命するまでの時期

第二期 ナチスの政権獲得によって亡命，1949年に東ベルリンに戻るまでの時期

Bertolt Brecht
(1898-1956)

第三期 東ベルリンでベルリーナ・アンサンブルを指導，1956年に没するまでの時期

ブレヒトは演劇の改革者として知られているが，彼が改革しようとした演劇がどのようなものであったのかということは，しばしば忘れられている。ひと言で言えば，それは自然主義の演劇であり，舞台で実際の世界を再現しようとする，いわゆるリアリズム演劇である。ブレヒトにとって，舞台は徹底してつくられたものであり，そこで提供されるのはあくまでもフィクションであった。とりわけ，1920年代末から1930年代にかけて彼がマルクス主義を学習し，世界の状況を社会学や経済学，哲学の研究者から学んだとき，彼が克服しようとした偽善と非人間性の社会を変革するには，冷静な歴史認

識と狡猾な戦略が必要だと考えたのである。『三文オペラ』(1928) の成功は，ブレヒトにとっては苦い薬だった。彼はこの作品でブルジョアジーの偽善的な宗教道徳を攻撃したつもりだったが，この作品を一番楽しんだのは，ひと晩の劇場の娯楽という贅沢を満喫できる，まさにそのブルジョアジーだったのである。ブレヒトは以降それまでの演劇形式を徹底して批判し，新しい演劇スタイルを構築しようとする。

それは叙事的演劇と名づけられ，『三文オペラ』ですでに実践されたさまざまな演劇的試みを理論化する作業だった。叙事的演劇という名称は，ヨーロッパにおける文芸が，叙情詩・叙事物語・演劇の3つで構成され，叙情詩が主観的な心情を，叙事物語が歴史の客観的な叙述を，演劇が人間関係における対話を表現するものである，という古典的な区分を逆手にとって，演劇を叙事的なものとして提示しようとしたものだ。

このようなヨーロッパの伝統はアリストテレスの『詩学』にはじまる。アリストテレスは同書で悲劇の効用を「恐怖や悲しみといった人間にとっての負の感情を劇によって浄化（カタルシス）すること」と説明したが，ブレヒトはこのような演劇を否定し，人間社会の問題に対する怒りや悲しみを，劇場で浄化してしまうのではなく，正しい社会認識，現実把握に結びつけ，劇場の外での社会変革の運動と連結させようとしたのである。

社会変革をめざした演劇は，ブレヒト以前からあり，特にブレヒトが攻撃した自然主義演劇は，社会の問題（階級間の格差や争い，女性やマイノリティの抑圧，労働者の搾取など）を物語で再現することによって明らかにしようとした。また，政治的目的のためには上演が禁止された演目について，会員限定の非公開上演という手段を講じ，観客組織と政治運動を結びつけていたという点では，ブレヒトと自然主義は社会変革という目的を共有していたのである。

しかし，演劇空間で成立する，舞台と客席との間のコミュニケーション形式がまったく異なっていた。自然主義演劇は，アリストテレスが規定したような演劇をめざしていたのだが，ブレヒトの「非アリストテレス的演劇」は，

理論と実践を先鋭化させ，亡命直前には「教育劇」というまったく新しい形式を開発した。

しかしこのような挑戦は，ナチスが政権をとったことで終止符が打たれた。亡命以降，ブレヒトは劇場と観客を奪われ，ただ戯曲を書くことしかできなかった。その結果，どのような時代にも上演可能なように，さまざまな試みを戯曲というテクストのパッケージに内包させるしかなくなったのである。亡命期には現在でもしばしば上演される『ゼツアンの善人』などの大型の戯曲作品が生まれた。

1949 年，東側での文化政策に積極的にかかわる可能性に魅力を感じて，新たに成立した東ドイツ・東ベルリンに身をおいたブレヒトは，ベルリーナ・アンサンブルという自身の劇場・劇団を与えられ，特別待遇の文化人となる。これによって 1950 年代から 1960 年代にかけて世界的に評価される劇団をつくることに成功したが，その形式は，保障された劇場的枠組みの上に築かれたものである。

したがって，ブレヒト演劇の真の革新性は，ブレヒトが亡命する直前の時期に集中的に試みた教育劇にあると考えられている。ただし，当時の教育劇は，その観客や関係者が政治運動に直接的にかかわった人々であったため，焦眉の政治組織上の問題を題材としており，今日，その内容をそのままこの形式で扱うことには無理があるだろう。むしろ取り上げるべきは，そこで企図された演劇的コミュニケーションの新しい形である。

2 ブレヒトの開発した演劇的コミュニケーション

ブレヒトが教育劇で開発した新しい演劇的コミュニケーションを理解してもらうため，それまでの伝統的な演劇（ブレヒト流に言えば「アリストテレス的演劇」あるいは「ドラマ的演劇」ということになる）と，ブレヒトがそこから離脱しようとして考案した叙事的演劇，さらにそれを先鋭化させた教育劇の3つについて，それぞれがどのようなコミュニケーション構造をもっ

ているかを示したい。

1 演劇のドラマ的形式

劇場という空間の中でコミュニケーションが完結し，観客の想像力も，演出家を中心として作り出された統合的で，破綻のないドラマの世界を受けとる（部分的には共同で想像する）にとどまっている。

演技者は，自身と登場人物の間に起こる相互作用を自身の中で克服するのみで，舞台上では作り手の一方的な成果だけが示され，観客と舞台の世界とのやりとりは例外的，限定的なものである。

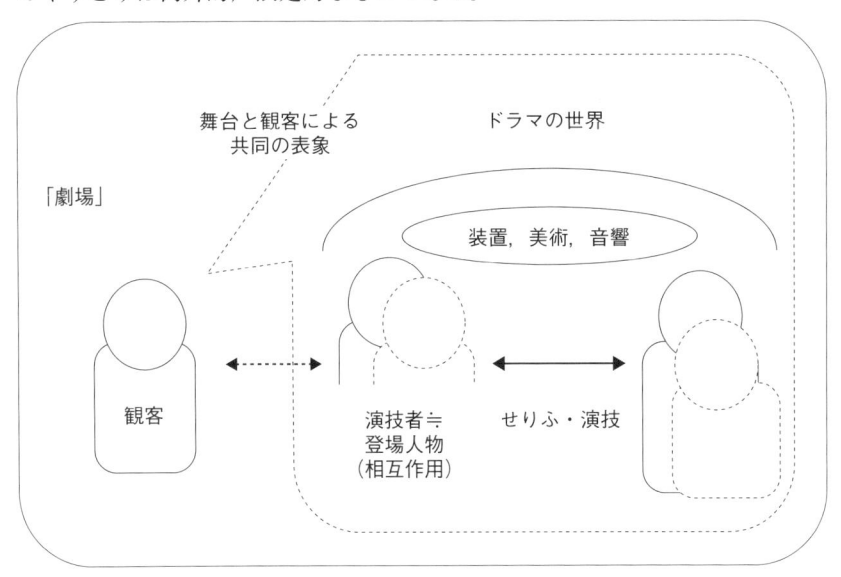

図1 演劇のドラマ的形式

2 演劇の叙事的形式

舞台で起こる出来事は，それに続く議論と態度決定につながるプロセスの一部であり，そのための前提的材料であるので，実際の問題同様，矛盾や破綻が内包されているものでなければならない。また十分な情報が与えられ，

正確に認識を手助けするコメントや，意見交換を喚起するための挑発的なコメントが組み込まれたものとなる。相対立する意見や，別の次元からの（例えば後世の歴史的評価などを伴った）コメントは，舞台での出来事や登場人物への観客の感情移入を妨げることによって可能になる。このような機能をもつ舞台上の言動や装置が「異化効果」をもったものと呼ばれることになる。

演劇の叙事的形式では，演技者も自身が演じる登場人物から距離をとり，場合によっては演技そのものの中に，登場人物に対する批判的態度を差し込むことが求められる。観客も，ただ劇場の中で提供されるものによってもてなされるだけでなく，距離をとった視線で，示された出来事やそれに対する演技者などのさまざまな態度表明に意見をもたなければならない。ただし，この段階では，実際に舞台の進行に観客が介入することは想定されていない（ブレヒト自身は，実際にそのようなことが起これば，喜んだではあろうが）。

> **異化効果**
>
> 既知のものを自明のこと，必然と見なすことをやめさせるため，演劇によるイリュージョンや感情移入を意図的に妨害する効果のこと。これにより観客は演劇の中の出来事や人物を批判的に観察し，新しい視点で見ることができ，その変革可能性を認識することができる。

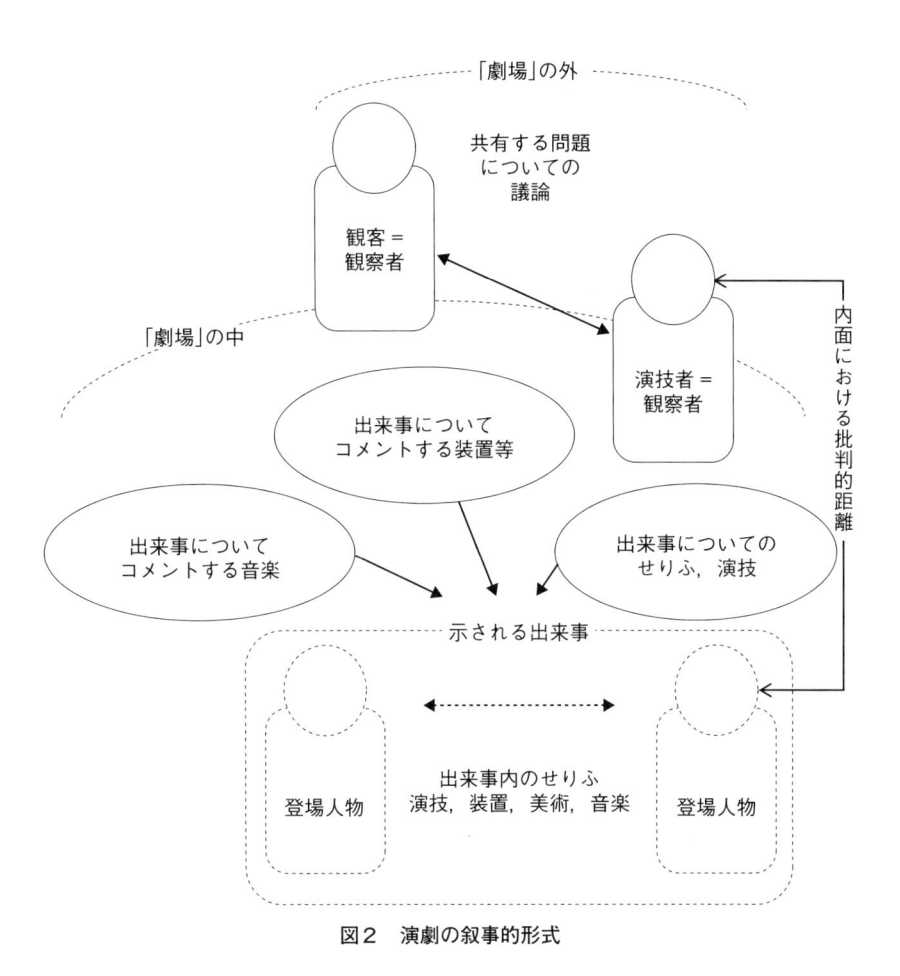

```
                  「劇場」の外
         ┌─────────────────────────┐
                              共有する問題
                              についての
                              議論
              観客=              演技者=
              観察者             観察者          内
                                              面
   「劇場」の中                                  に
                                              お
                                              け
              出来事について                      る
              コメントする装置等                  批
                                              判
                                              的
   出来事について              出来事についての    距
   コメントする音楽            せりふ，演技       離

              示される出来事
         ┌─────────────────────────┐
                ←----→
            登場人物   出来事内のせりふ  登場人物
                     演技, 装置, 美術, 音楽

              図2　演劇の叙事的形式
```

図中テキスト：

示された出来事についての観察・評価を参考に,実際の問題について議論・決定

利害関係者 — 利害関係者

役割交換

出来事についての「裁判」など仮想の議論の場

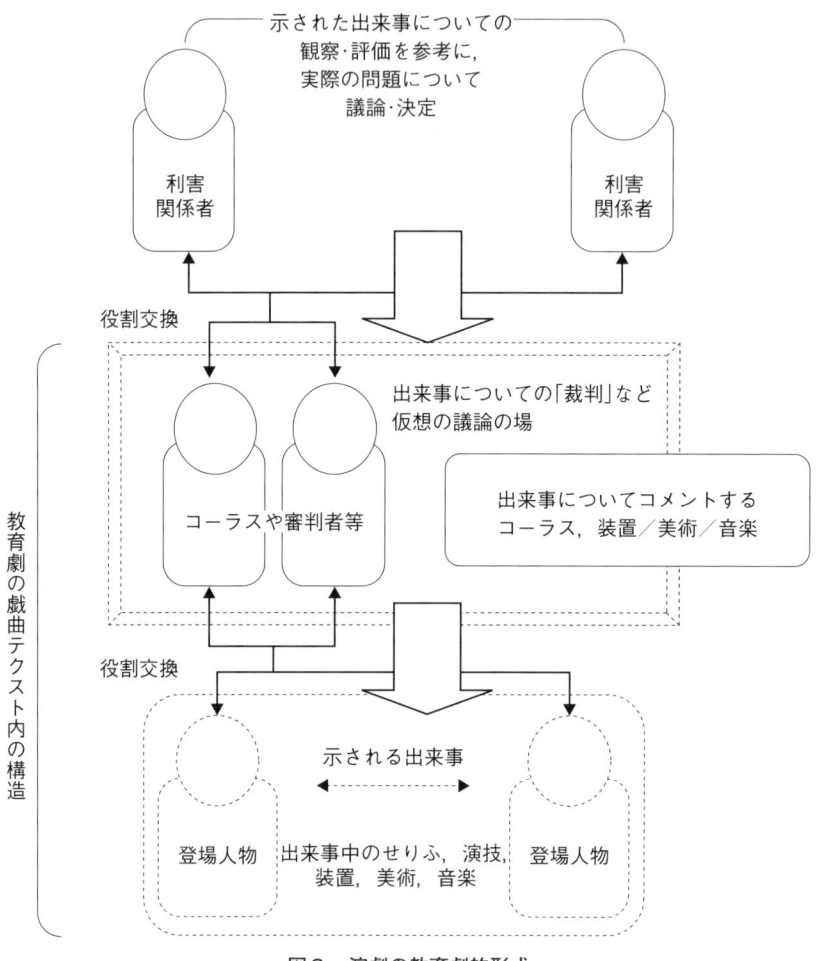

コーラスや審判者等

出来事についてコメントするコーラス,装置／美術／音楽

役割交換

示される出来事

登場人物　出来事中のせりふ,演技,装置,美術,音楽　登場人物

教育劇の戯曲テクスト内の構造

図3　演劇の教育劇的形式

3 演劇の教育劇的形式

　2つの形式に比して,教育劇の形式で特徴的なことは,示された出来事について劇の中で判断を下そうとする観点が（コーラスなどの形で）組み込まれていることだ。叙事的演劇の形式では,舞台上の個々の要素が互いに対立

したり，それ自身の中に分裂や別の次元を内包する形で組み込まれていたりしたものが，この教育劇の形式では，演劇のつくり方の中に構造化されている。

また，この形式が「観客を必要としない」と言われているのは，演じ手をはじめ，さまざまな役割を利害関係者自身が交互に担うことを想定しているということである。実際に劇を見る人がいてはならない，ということではなく，すべての人が当事者として演劇にかかわることを求めているのだ。

このような演劇形式が成立するためには，もちろん，相互に濃密な信頼関係が築かれているか，築こうとする意志があることが前提となる。また，最終的に現実の問題についての判断を下すという実践的行動と結びつかないかぎり，こういった形式は単なるゲームに終わってしまう。

日本の能の演目『谷行』から改作されたブレヒトの『イエスマン／ノーマン』は，作品の制作過程でベルリン近郊のギムナジウムで上演され，その生徒たちとの討論によって最終的な形を獲得した。内容上のテーマは，全体に対する個人の犠牲はいかにして正当化されるかという問題であった。

3 ブレヒトの教育劇と演劇教育

たしかに教育劇で取り上げられている問題は，当時の歴史的状況と不可分のもので，現在では社会との実際的なかかわりは失われているかもしれない。しかし，ここで提示された演劇コミュニケーションの形式は，その後のアウグスト・ボアール（P.116 参照）などの活動に生かされている。例えばフォーラム・シアターの形式は，ブレヒトの教育劇のコミュニケーション形式を，演劇の創作過程にほぼそのまま取り込んだものと言える。

このようにブレヒトの演劇的実験は，演劇の社会的機能を実践的に証明しようとする人々や，人間の経験や学習をコミュニケーション形式の開発によって支援しようとする人々にとって，大きな道標となった。ブレヒトと演劇教育の研究者であるゲルト・コッホによれば，演劇教育にとってのブレヒ

トの仕事の意義は以下の4つのことを実践してみせたことにあるという。
- 主要な演劇人がその作品や作業を教育に提供すること
- 演出家ないし劇作家が自身を社会的，政治的，芸術的，そして批判的な意味での教育者と自己認識すること
- 利害関係をもつ人々が相互に懸案の問題についての理解を深める形式が，演劇によって可能となること，その結果として社会的弱者へのエンパワーメントが可能となること
- 演劇というメディアによって，参加者それぞれの自己評価を高められること

ドイツの演劇教育（Theaterpädagogik）はブレヒトの直接，間接の影響を受けて形成されてきた。

そもそもブレヒトの教育劇は，最初に示したブレヒトの作業時期区分でいうと，初期の最後，数年間取り組まれたものであり，テーマも偏っていて，ブレヒト自身がその主要な作品である『処置』の上演を差し止めたことも影響し，ブレヒト研究においても評価が遅れた。

しかし，1972年にブレヒトの遺稿も含めて詳細に分析し，未公開の資料を発掘したブレヒト研究者ライナー・シュタインヴェークの研究成果が発表され，教育劇研究が一気に進んだ。これが，すでに演劇を教育と結びつけて活動していた人々の関心をひき，例えば，ドイツにおける演劇教育の重鎮であるハンス・マルティン・リッターは，1973年からほぼ10年間，ブレヒト教育劇の研究に専念している。またシュタインヴェーク自身も1980年代半ばに同僚とともに演劇教育の研究誌を創刊しており，これが現在，ドイツで主要な演劇教育誌に成長し，これを起点として1990年にはドイツ最大の演劇教育連盟が創設された。

ただし，ドイツにおける演劇教育では，学校と演劇との結びつきはあくまでもその一部でしかない。公的資金による劇場制度の完備しているドイツでは，専門職業人としての俳優の養成にも社会的理解があり，また，学校以外の教育機会が豊富である。ドイツにおける演劇教育従事者の多くが，こう

いった社会教育的な機関で働いている。　　　　　　　　　（中島裕昭）

> ◎まとめ
> - **主著**：『ブレヒト戯曲全集』全8巻（未來社，1998-2001），『今日の世界は演劇によって再現できるか――ブレヒト演劇論集（新装復刊）』（白水社，1996）
> - **主目的**：社会変革。
> - **理論の特徴**：二つの世界大戦の間および大戦期間の亡命中に，社会変革のための演劇の可能性を追求し続け，戯曲作品，演技論，演劇と社会との関係についての理論としての非アリストテレス的演劇，叙事的演劇の理論を展開。現代における演劇の社会的活用にとっての古典。
> - **方法論の特徴**：すべての人が演じ学ぶ教育劇，政治的寓意劇の形式の開発。批判的な距離を可能にするための異化効果。

引用・参考文献

- ブレヒト（千田是也編訳）『今日の世界は演劇によって再現できるか――ブレヒト演劇論集（新装復刊）』白水社，1996.
- ブレヒト（岩淵達治訳）『ブレヒト戯曲全集』全8巻，未來社，1998-2001.
- ブレヒト（岩淵達治訳）『三文オペラ』岩波書店，2006.
- Koch, Gerd., "Theaterpädagogik in der BRD." http://www.spielart-berlin.de/2008/05/06/vortragtheaterpadagogik-in-der-bundesrepublik/（2010年1月12日閲覧）.
- 中島裕昭「メタレベルの構築を支援するための〈身ぶり〉」中島裕昭編『ブレヒト演劇における言語，身体，振舞（日本独文学会叢書54）』日本独文学会，2008.

◎ アウグスト・ボアール：被抑圧者の演劇から欲望の虹へ
エンパワーメントのための演劇のパイオニア

> 演劇は解放の武器であることもできる。そのためには，それにふさわしい新しい演劇の形態をつくり出すことがどうしても必要だ。変革が必要なのだ。（ボアール『被抑圧者の演劇』）

1 ボアールの生涯

1931年　ブラジルのリオデジャネイロで生まれる。
　　　　ニューヨークのコロンビア大学で演劇学と化学を専攻，卒業後，ブラジルに戻り，1956年にはサンパウロのテアトロ・アレーナの指導を引き受け，本格的に演劇活動を開始。

Augusto Boal
(1923-2009)

1964年　ブラジルで軍部のクーデター，親米反共政権が成立。1960年代末には世界的な学生運動・政治運動の流れの中で，さらに弾圧が強まる。

1971年　軍事独裁に反対するボアールは軍事政権によって拘束，拷問される。1976年までアルゼンチンのブエノスアイレスに亡命。

1973年　『被抑圧者の演劇』をアルゼンチンで出版。ペルーの識字教育運動に参加。

1976年　ポルトガルに移住，リスボンで演劇グループの指導者となり，また，大学の客員教授となる。

1978年　パリに住み，ヨーロッパ各地で演劇の指導にあたる。

1985年　ブラジル，民政移管。

1986年　ブラジルに帰国，リオデジャネイロの「被抑圧者の演劇」センター

のディレクターとなる。
1992 年　ブラジル労働者党から立候補，96 年までリオデジャネイロ市会議員となる。とくにこの期間に，「法律制定劇」を開発。
2009 年　５月２日，リオデジャネイロで没。

2　ボアールの開発した技法＝ボアール・テクニック

　ボアールは応用演劇のパイオニアであり，今日，演劇ワークショップで用いられている手法のほとんどは，ボアールが開発したものから発展してきたといっても過言ではない。「ボアール・テクニック」とまとめられるその技法のうち，代表的なものを紹介しておこう。

▶ ボアール・テクニック１：彫像演劇

　あるテーマを決めて，そのテーマにかかわるイメージを静止画としてつくる。つくられた静止画を「人間彫刻」と呼ぶ。参加者が自発的に形を決めることもあれば，ファシリテーターが指示して全体を構成する場合もある。
　その人間彫刻にせりふを言わせたり，いくつかのシーンとなる人間彫刻を動きやせりふでつないだりすることによって，いわゆる演劇的な流れができあがる。
　はじめからせりふや動作をともなった演劇の動きをつくることがむずかしい場合に活用できる手法の一つである。

▶ ボアール・テクニック２：討論劇（フォーラム・シアター）

　何か一つの政治的・社会的問題が取り上げられ，それを描写するスキットが上演される。
　そのあとで，そのスキットをもう一度上演するが，その際，観客が任意の場所で劇の進行を止めて意見を述べるよう，ファシリテーターは求める。劇はその意見に基づいて，当初とは別の流れで展開する。

この場合，そもそも演じられる劇が，演ずる者および観る者の両方にとって共通の問題であることが前提となる。その問題についてともに考え，ともに解決策を見いだそうとすることが，このフォーラム・シアターの目的である。もちろん，展開は予想外のものとなり，演出家が企図する結末には至らないかもしれないが，この作業を通じて，同じ問題に関心をもつ人々が，問題とそこにかかわる人々相互についての理解を深めることができる。

ボアール・テクニック3：見えない演劇

町中，路上，レストランなど，一般の市民が通常の生活をしている中に俳優が入り込んで，いきなり芝居を始める。人々は，俳優が芝居をしているのかどうかは，すぐにはわからない（あるいは，最後までわからない）。俳優は一定の設定，問題意識をもって，市民に話しかけ，その市民がどのような態度をとり，どのような言葉を返そうと，それに応じて「見えない劇」を展開できるよう，準備しなければならない。

俳優は市民に語りかけることによって，「見えない劇」に市民を場合によっては無理矢理巻き込み，市民の問題意識を覚醒させるのである。ここでは，その俳優と市民が交わす「演劇」は「演劇」であるかどうか，ということはもはや問題とならないだろう。それ以上に，提示された言葉や態度に，市民が実際にどう応じ，また俳優がそれにどう対応していくか，ということが問題である。演じる者と観る者の差異は，限りなく消滅する。

ボアール・テクニック4：頭の中の警官

人は自分の頭の中に自分の言動を制止，統御する「警官」をもっている。これまでの人生で，そういった「警官」の言葉によって，自身の行動を規制してきたが，その言葉は常に意識されているわけではない。その「頭の中の警官」の言葉を思い起こし，それを演劇の登場人物に当てはめる。

例えば，「男の子なのだから～しなさい」「女の子は～するもんじゃない」という言葉を，演劇の中の登場人物に言わせ，自身がその登場人物と対話す

ることで，この「頭の中の警官」を目に見えるものとして意識化し，場合によっては克服しようとするものである。

3　ボアールとブラジル，フレイレ，ブレヒト

　これまで説明してきたボアール・テクニックは，もちろんボアールの独創的な発想と，民衆教育への献身から生まれたものであるが，そこにはいくつかのバックボーンがあった。そのバックボーンを無視してボアールの技法のみを利用しようとすることは，しばしば大きな誤解と予想外の結果をもたらすことになる。演劇ワークショップの問題点の一つでもあるが，社会的・文化的背景を無視した実践や議論は無意味であるので，ここでボアールのバックボーンについてふれておきたい。
　ボアールのバックボーンのおもなものは，次の３つといってよいだろう。

> ボアールの被抑圧者のための演劇のバックボーン
> ・ブラジル社会
> ・パウロ・フレイレの識字教育
> ・ベルトルト・ブレヒトの教育劇

　まず何よりも，ブラジルという社会を無視して，ボアールの演劇活動を理解することはできないだろう。
　ブラジルはポルトガルの植民地およびポルトガル王家を継承する王国として出発し，政治的領土としては南米の中でも比較的まとまりのある地域だった。しかし未開地も多く，内部には多くの民族を抱え，また，さまざまな社会階層の格差は大きい。ヨーロッパのような近代化が順調に進んできたわけではなく，世界各国からの移民も多く，そもそも言語や文字が共通の基盤とはなっていなかった。
　つまり，人々の間に社会的環境についての大きな差異があり，その差異を

越えて意思疎通するための言葉が，文字どおり存在しなかった，あるいは獲得されていなかったのである。そのような状況の中でボアールが最初に取り組んだのが，フレイレによって始められていた識字教育であった。しかし，このような演劇という芸術的枠組みを越えた社会活動は，1964年以降成立した軍事独裁政権にとっては，許容しえないものだった。1960年代末に強まった抑圧のもとで拷問も受けたボアールは，亡命を余儀なくされる。

演劇を通じた社会活動を，フレイレの「被抑圧者のための教育」にならって「被抑圧者のための演劇」と名づけ，著作を発表したボアールは，アルゼンチン，ペルー，ポルトガルを経由して，パリにまで流れていく。

ボアールがヨーロッパにたどり着いたのは1970年代後半だが，演劇芸術としての完成形態を必ずしも重視しないボアールの手法は，すぐに全面的に受け入れられたわけではない。

一つは政治的な理由である。独裁政治や格差・貧困が目に見えて人々を抑圧しているブラジルや南米では有効だった啓蒙主義的・政治的な目標設定は，1970年代末のヨーロッパではすぐには受け入れられなかった。観客を受け身・対象にとどめず参加者とすること，演劇が過去とだけでなく現在や未来に可能性を開くものでなければならないことがボアールの演劇の基盤だったが，「抑圧からの解放」という目標設定はヨーロッパでは緊急性を欠くものだったのである。

もう一つは演劇制度上の理由。劇場制度が整い，演劇がそのまま社会的な討論・意見交換の場として高く認知されているヨーロッパでは，演劇というよりは社会的コミュニケーションそのものに力点をおいたボアールの応用演劇を翻訳するためには，いくつかの媒介項が必要だったと思われる。

しかし，ブレヒト演劇を知っていたヨーロッパで1970年代末にボアールの『被抑圧者の演劇』が翻訳され，演劇や演劇教育の専門家たちがボアール・テクニックのもつ社会変革や教育への応用の可能性を見いだすのは確実だった。ヨーロッパでこそボアールは評価され，学ばれたのである。

ボアール自身が最も大きな影響を受けたと認めているのが，フレイレの識

字教育である。フレイレはブラジルにおける貧困と差別の解消に識字教育が重要であると考え，文字が使えない農民たちに，自身の生活や境遇を自分の言葉で語らせ，意識化することによって，社会改革を実現しようとした。ボアール同様に，1964年の軍事クーデター以降，ブラジルにとどまることができず，アメリカやヨーロッパで著作を発表（1970年に『被抑圧者の教育』を英語で出版）するかたわら，大学などで講義を担当，ユネスコに協力して世界の貧しい国での識字教育に貢献した。ことにその実践性と対話性を重視した教育思想と活動は，ボアールの演劇の根幹を形成していると言えるだろう。

演劇理論的にみた場合，さきに紹介したボアールの，舞台と客席の対話を構成する手法は，ブレヒトの教育劇の理論（詳細は，P.120，ブレヒトの項目を参照）からの影響が大きいと考えられる。ブレヒトは，観客のためではなく，演技者のための教育という考えによって教育劇を開発し，演劇のコミュニケーション形式を大きく転換した。その結果，単に見るだけの観客というものは存在しなくなり，すべての人が劇に介入するという発想を提示した。これがボアールに引き継がれたのである。

4　ボアール再評価

ブラジルを中心とした南米でボアールが広め，のちにヨーロッパにもち込んだ演劇手法は，抑圧や差別を「目に見える」形にする演劇だったといえる。「見えない演劇」や「フォーラム・シアター」，「頭の中の警官」などの技法は，まさに日常では見えにくい社会的問題を，演劇的手法によって顕示させ，問題化しようとするものだった。この顕示，意識化ということが，極めて直接的な政治的力につながった。1970年代のボアールに対する評価は，民衆の社会的立場の改善を達成しうるかどうかという，非常に具体的な，場合によってはもっぱら政治的な観点からなされており，その限りでは，フィリピン教育演劇協会（PETA）の活動と並び称されるものだった。

第2章　ドラマ教育の方法

　しかし1980年代半ばまで過ごしたヨーロッパにおける抑圧や差別は，もっと巧妙に内面化されていた。これを明示したとしても，その問題に対する抑圧的な態度はすでに自分自身の課題であるとされていた。1970年代までであれば，ボアールは，自身の演劇がジェイコブ・モレノのサイコドラマと同種のものである，というようなことには決して同意しなかったであろう。しかし，「頭の中の警官」のような内面化された抑圧と対話するという手法は，まさに精神分析的なアプローチといえ，ボアールの演劇活動も，より繊細な手続きを必要とするようになったのである。
　当初，マルクス主義の影響も受け，きわめて明瞭に自由と民主主義のために戦っていたボアールに対し，とくにリオデジャネイロに帰ってからのボアールは中道左派の政治勢力に近く，政治的にみれば「後退」したといわれる。しかし，演劇の社会的有効性という観点からすれば，ボアールは常に現実をみながらその戦略を設定してきたといえる。
　リオデジャネイロで市会議員としても活動したボアールは，フォーラム・シアターの形式をその政治活動と直結させ，演劇を通じて発掘した問題や市民の要望を，そのまま政治事務所に集積し，議員としての法案作成に役立てたり，あるいは，直接的に問題の当事者にはたらきかけたりする，といった活動を行った。これが「法律制定劇」であって，60以上の運動が取り上げられ，13は法案策定にまで結びついた。これは新しい手法というよりは，フォーラム・シアターの発展型である。
　現代においては，たとえ一定の地域や階層の人々が集まっても，政治的目標が明確化されてそのグループが一つにまとまることはむずかしい。利害関係は地域や階層，民族や国家を越えてからみ合い，単純な図式によって大きな選択がなされることは稀である。そのいっぽうで，一つ一つの身近な問題はすぐにでも，そのステークホルダーによる交渉と解決を必要としている。
　『欲望の虹——演劇と精神療法のためのボアール・メソッド（*The Rainbow of Desire : The Boal Method of Theatre and Therapy*）』は，ボアールがこれまで実践してきた「被抑圧者のための演劇」を，現在の新しい政治状況の中で再

度，位置づけし直そうとした著作である。ここには，東西冷戦構造が終焉したあとのグローバリゼーションと新自由主義という新しい現実に，政治参加をめざす演劇が立ち向かうための，新しいガイドラインをみるべきであろう。ボアールは，イデオロギーや政治思想の主張ではなく，地域と日常性の中に降り立つことが要請された時代の，新しい政治演劇のモデルを提供してくれた。ボアール演劇の再度の評価が必要な時期にきている。　　　（中島裕昭）

> ◎**まとめ**
> - **主著**：*Teatro del Opprimido.*（1975／里見実ほか訳『被抑圧者の演劇』晶文社，1984），*The Rainbow of Desire：The Boal Method of Theatre and Therapy.*（1995）
> - **主目的**：社会的弱者の解放，エンパワーメント。
> - **理論の特徴**：フレイレの識字教育活動に触発され，民衆の教育を目的とした社会運動の一環として演劇を活用，ブレヒトの教育演劇を実践的に発展させた被抑圧者のための演劇。
> - **方法論の特徴**：さまざまなアイデアにより，今日用いられている技法の原型のほとんどを試みている。

参考・引用文献

- 里見実「アウグスト・ボアールと民衆文化運動」『新日本文学』36（11），新日本文学会，1981，pp.88-96.
- 里見実「未完の演劇——ラテンアメリカにおけるブレヒト」『新日本文学』41（9），新日本文学会，1986，pp.101-106.
- 須崎朝子「アウグスト・ボアールの演劇方法論の変遷に関する一考察——変革のリハーサルから療法まで」『日本演劇学会紀要』37，1999，pp.429-455.

パウロ・フレイレの識字教育と「エンパワーメント」

　パウロ・フレイレ（1921-1997）は，ブラジル北東部に生まれ，弁護士をめざしたのち，社会の貧困と格差に立ち向かうため教育の道を選び直した。彼の目からすれば，まず，文字と言葉を獲得することが先決だったのである。アウグスト・ボアール同様，軍事独裁政権からの亡命を余儀なくされたフレイレは，アメリカ，ヨーロッパで第三世界のための教育に関する思想を発表，20世紀の教育に大きな影響を与えた。その教育についての考えは，3つのキーワードによって説明される。
(1) 実践的な自由：自由は贈り物ではなく，日々実践によって獲得，実現されねばならない，きわめて繊細なものである。自由は鋭敏な感性をもって追求され，実行され続けることを求めている。
(2) 子どもを非人間化する銀行型学習ではなく，自身の不完全性，環境の諸問題を意識化できる，真の教育をめざさなければならない。
(3) 教育の本質は対話であって，相互信頼のうえに実現される。植民地支配は人間を非人間化し，対話を不可能にしているので，常に対話的行動をめざす必要がある。
　このような考えに基づき，まず子どもたちが自身のことを書きとめ，言葉と文字を獲得していく識字教育を通じ，現代社会におかれた人間の状況を意識化させることに，大きな成果をあげた。彼の活動は国際的な評価を受け，ユネスコでの活動が彼の主要なフィールドとなった。第二次世界大戦後の近代教育批判という点でイヴァン・イリイチと並び称されている。
　彼の教育思想はボアールをはじめ，多くの教育実践者に影響を与え，現在では社会的弱者への支援という観点から，「エンパワーメント」という語に結実し，教育だけでなくその他の社会活動や演劇などの芸術ジャンルにも用いられている。

(中島裕昭)

主著：フレイレ，パウロ（小沢有作ほか訳）『被抑圧者の教育学』亜紀書房，1979.

第3章
学校におけるドラマ教育

> 日本の教育現場に，ドラマ教育はどのように導入できるのであろうか。
> 本章では，まず，ドラマ教育の教育的効果を整理し，活動をどのようにデザインするかを考える。そして，実際に子どもたちと行う際の活動案・授業案を提案する。

第3章　学校におけるドラマ教育

◎ ドラマ教育のデザイン
より効果的な授業実践のために

1　ドラマ教育への関心

　いま，ドラマ教育への関心が高まっている。この四半世紀で，「ドラマ」という言葉は「演じる過程を中心とした学習手法」として，教育現場に定着しつつある。では，なぜ多くの教師たちがドラマ教育に注目し始めたのであろうか。その背景として考えられる出来事が3つある。

　第1に，「生活科[1]」と「総合的な学習の時間[2]」の新設である。いずれも教科横断的・総合的な教育活動を行う意図で設置された。それまで保育，幼児教育の現場ではドラマ的な活動が行われていたが，「総合的な学習の時間」の導入以降，初等・中等教育においても学習を総合化する目的で，ドラマ教育の手法が用いられるようになった。これらの実践で重視されたことは活動や体験を重視した学びであり，主体的・創造的に問題解決に取り組む態度や能力である。

　第2に，子どもたちの現状に対する懸念である。例えばそれは社会や経済状況の変化による「学習シニシズム（打算的でシニカルな学習態度）」（里見，2001）の急速な進行であり，少子化や核家族化などが要因と考えられるコミュニケーションや人間関係の構築を苦手とする子どもたちの出現である。実際に中等・高等教育段階の多くの子どもたちが，コミュニケーションや人間関

1　平成元年告示，同4年度より施行の前小学校学習指導要領において新設。1，2年生の理科と社会科を廃止し，生活科が導入された。
2　平成10年告示，同14年度より施行の現行小・中学校学習指導要領，および平成11年告示，同15年度施行の現行高等学校学習指導要領において新設。対象は小学校の3～6年生と中学・高校の全学年。

係構築に対して苦手意識をもっている。

　これらの現状を憂慮してか，現行の保育所保育指針・幼稚園教育要領（平成20年告示）では「望ましい未来をつくり出す力の基礎[3]」，「生きる力の基礎[4]」を培うことが，小・中・高等学校の現行学習指導要領（小・中学校は平成10年，高等学校は同11年告示）においても，児童生徒の「生きる力をはぐくむこと[5]」が目標として掲げられた。これを受け，保育・幼児教育では，体験や活動をもとにして豊かな心情，意欲，態度[6]を身につけることが，初等・中等教育では，思考力・判断力・表現力などの育成[7]が，さらには児童生徒相互の好ましい人間関係の育成がねらいとされている。

　第3に，小・中・高等学校の学習指導要領の改訂（小・中学校は平成20年，高等学校は同21年告示）があげられる。ここでは「生きる力」の育成に加え，基礎的な知識の習得と活用による問題解決学習，さらにはそのために必要な思考力・判断力・表現力の育成[8]が目標とされている。そしていま，この学習指導要領をもとに，新たな授業改革が進んでいる。

　ドラマ教育はこのような流れの中で，徐々にではあるが確実に教育現場へ浸透しつつある。キーワードとなるのは「活動・体験」，「問題解決」，そして「生きる力」である。諸外国と異なり日本には「ドラマ」という教科がないので，ドラマ教育の「手法」が導入されつつあるというほうが正確であろう。しかし，今日のドラマ教育への関心は，単なる授業改善の手段としてだけではなく，教育現場における深刻な課題への対策として，さらには未来に向けて学びを再生する手段として，大きな期待を担っていると考えられる。

3　保育所保育指針第1章，3の(1)。
4　幼稚園教育要領第1章の第2。
5　現行学習指導要領第1章。小・中学校は第1の1。高等学校は第1款の1。
6　保育所保育指針第2章，幼稚園教育要領第2章および第3章に関連。
7　現行学習指導要領。小・中学校は第1章　第1の1に加え，第4の2，(1)〜(6)に関連。高等学校は第1章第1款の1に加え，第5款の5，(1)〜(6)に関連。
8　新学習指導要領第1章総則。小・中学校は第1の1。高等学校は第1款の1。

2 ドラマ教育の学習活動

ドラマ教育の究極的な目的は，子どもたちの言動と洞察の変化を促すことである。そして，実際の授業ではそのためのさまざまな学習機会を提供する。ここでは，ドラマ教育における特徴的な4つの学習活動についてまとめていく。

1 グループによる学習活動

ドラマ教育の学習活動には，子どもたち同士で「〜し合う活動」が多い。話し合う活動，演じ合う活動，観合う活動，評価し合う活動……など。個人で完結する活動はほとんどなく，その多くがグループ活動である。

学びの集団を小さくすることは学習への参加度を高め，学習への取組みを向上させる効果がある。また，グループ活動は，「どうすれば集団の中で自分を生かせるのか」「集団のためには自分は何をすべきなのか」を考える機会ともなる。このように集団の一員としての自分を考えることは，チームワークや協調性を養っていくことにつながる。

さらにドラマ教育におけるグループ活動には，学習内容を総合化するねらいがある。子どもたち同士が話し合い，教え合う活動を通じて多くのアイデアを共有し，それらを活用することによって，個人で完結する学習では及ばない総合的な学習活動が可能となる。

2 想像／創造と選択のある活動

ドラマ教育における場面設定やストーリーの構築は，子どもたち自身の手によって行われる。たとえテキストやテーマが与えられたものであっても，そこから先の展開は子どもたちの手に委ねられている。グループで話し合いながら自分たちがやってみたい場面設定やストーリーを選択することによって，よりリアルな虚構世界が構築されていく。これらの活動によって，自然に学習への興味・意欲が促進される。また，この学習過程は子どもたち一人一人の心理的な障害を回避する安全装置にもなっている。

このドラマ教育における想像／創造の活動は，非常に知的な活動でもある。場面設定やストーリーの構築には，自分たちがもっている情報や知識を整理し，その中から必要なものだけを選択し，組み立てていく作業が必要となる。この一連の活動を通じて，子どもたちは学習テーマに対する理解を深めていくのである。

3 疑似体験ができる活動

　ドラマ教育の最も特徴的な活動は，場面やストーリーの中に身をおき，実際に自分とは異なる人物になってみることである。自分たちで設定した人物，場面を実際に動かしていく活動は，子どもたち主導の学習である。ドラマ教育の授業では，「子どもたちがいきいきとしている」という印象が語られることが多いが，その要因がここにある。

　また，他人の言動を自分のからだで演じてみることは，その人物の心情にふれる体験でもある。この体験によりその人物はもちろんのこと，彼／彼女がおかれている状況や担っている役割が身近に感じられ，学習テーマに対する理解がより深まっていくのである。

　いっぽう，この活動では，多くの子どもたちが自分のイメージどおりに動けない（しゃべれない）体験をすることになる。もとより，ドラマ教育の目的は演技力の育成や習得ではないが，子どもたちはここで自分自身の言葉と身体機能をコントロールするという，新たな課題に直面することになる。

4 問題と向き合い解決に取り組む活動

　場面やストーリーの中に身をおき，ある人物の役割を担うということは，一時的にその人物のすべてを背負うことでもある。そのため，子どもたちはドラマ教育の学習活動を通じてさまざまな問題と向き合っていくことになる。実際の授業においては，教師がこのことを想定してテーマやテキストを設定するわけだが，例えばそれは個人的な問題であったり，社会的な問題や政治的な問題であったりする。しかし，多くの問題は身の回りの現実と密接に関

第3章　学校におけるドラマ教育

連しており，子どもたちは一つの問題を解決しようとする過程で，別の問題の存在に気づくことになる。子どもたちの発見はつながりの中で広がっていき，やがて学習テーマは「点」から「面」になり，広い視野で認識されていくことにつながっていく。

　ドラマ教育の活動では，問題を上手に解決することや問題解決のためのノウ・ハウを身につけることを目的としていない。活動の成果として重視していることは，向き合った問題に対してさまざまな角度からのアプローチを試みること。そして，問題解決には多様なアプローチが可能であるということを知り，実際に体験してみることなのである。

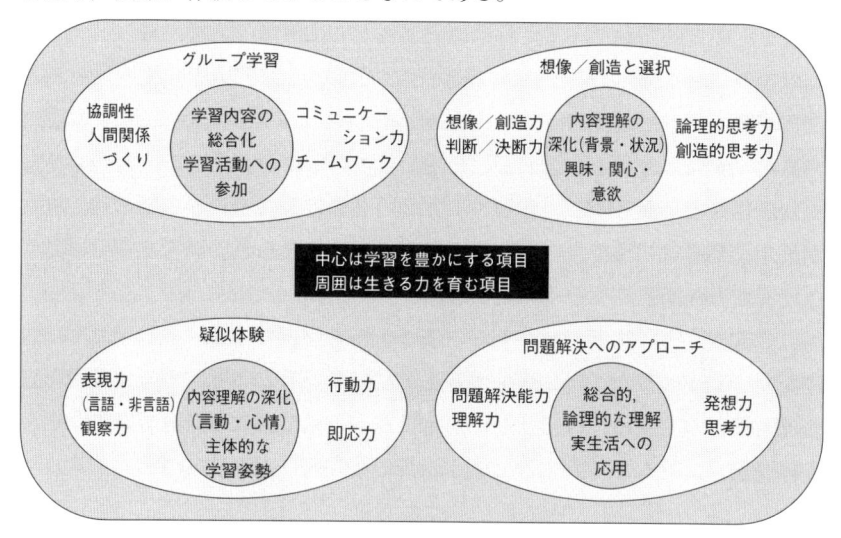

図1　ドラマの教育の学習活動

　このようにドラマ教育における学習活動には，学習内容を豊かにする要素と，「生きる力」を育む要素がある。実際の授業においては，それぞれの要素が重層的に進行していくわけだが，ここがドラマ教育の最も特徴的な側面であり，最大の魅力である。

3 学習活動の構造

ドラマ教育における学習活動の組立てにはさまざまなパターンがあり，オーソドックスなパターンとして一つを例示することはむずかしい。そこで，実際の授業展開に則して導入，展開，まとめの3つに分割し，それぞれの場面でよく行われる活動を紹介していきたい。

1 導入

ドラマ教育のイントロダクションでは，学習内容やテーマへの導入，グループ活動への導入，そして言語・身体活動への導入が行われる。

学習内容やテーマへの導入では，テキスト（「スティミュラス」とも言い，ドラマ活動の素材やきっかけとするもの。写真，映像，小物，文章，絵，イラスト，音楽などが多く用いられる）の提示が行われる。提示の方法はリーディングや視聴・鑑賞，レクチャー，リサーチワークなど，テーマや素材に合ったさまざまな方法が用いられる。この導入の活動によって得られる情報を整理・共有し，それらを子どもたちのもっている経験や知識と結びつけていくことが学習活動のスタートラインになる。

グループ活動への導入では，ゲームやアイスブレイキング[9]などが行われる。グループのメンバーがお互いに名前を呼べること，会話ができること，目が合わせられることなどを目的に，さまざまな活動が意図的に配置される。この活動は，グループ活動を始めるにあたってのレディネス（学習が成立するための準備）として重要であり，特にグループ活動に慣れていない子どもたちにドラマ教育を行うときには欠かせない活動である。

言語・身体活動への導入では，身体表現のエクササイズやシーン・もの・言葉などをテーマとしたエチュード（台本を使わずに進めていく短い即興劇）などが行われる。いずれも演じることへのウォーミングアップが目的であり，ここで設定されるシーンや人物は，学習テーマに関連するものや展開時の活

---

9 参加者同士のコミュニケーションを促進するために行われるグループ・ワーク。

動につながるプロローグ的な要素を含んでいる場合が多い。

2 展開

多くの場合，展開時には子どもたちに新しい情報が提示される。例えば「実は，この（テキストに登場している）人物は，大きな秘密を隠しています」など，これからつくっていくストーリーの方向性を示す情報である。子どもたちは導入で共有した情報と，この新しい情報をもとにグループワークとアクティングアウト（自分自身が役割を担って演じたり，ほかのグループが演じている場面を観たりする活動）を進めていく。グループワークでは話し合いが，アクティングアウトでは実際に自分たちのからだを使って動いてみることがメインとなる。

実際の活動では，まず「この人物が隠している秘密」についてグループで話し合っていく。「秘密」の内容が確定したら，それが明らかになる場面や登場人物，出来事を選択しストーリーを構築していく。「どこで？」「だれ（とだれ）が？」「何をするのか？」。さまざまな可能性を取捨選択しつつ，自分たちの考えたストーリーをつくり上げていく。

ストーリーができ上がったらアクティングアウトに進む。グループの中で役割を決め，実際に場面を動かしてストーリーを演じていく。ここでは，「静止画（スチール・イメージ）」や「寸劇（スキット）[10]」，ドラマ教育特有の「技法・方法（コンベンション）」がテーマに即して用いられる。子どもたちが登場人物の役割を担っていく，ドラマ教育で最も象徴的な活動である。

一つのアクティングアウトを終えると，「この人物には大切にしているものがある」，「10年後，この人物は何をしているのだろう？」など，さらに新しい情報が提示される。このように，さまざまな状況でアクティングアウトを繰り返していくことが展開時に行われる活動である。

この展開時の活動では，学習テーマをより深く掘り下げ，理解を深めてい

10　5分程度の短い演劇。即興劇と異なり上演前に打ち合わせを行うが，ドラマ教育では台本を使わない場合が多い。

くことがねらいとなる。テキストの登場人物を自分たちで考えたストーリーの中に「生かしていく」ことによって、テキストの世界観がより具体的になってくる。

また、実際に人物の言動を体験することによって、人物の心情や向き合っている問題を自分に引きつけて感じ・考えることができるのである。

学習を豊かにする領域

- 新しい知識の獲得
- 知識の整理と統合
- 情報の整理と選択

導入

- 学習内容の
  総合的な考察
- 内容理解の深化
- 問題解決への
  アプローチ

展開

- 学習活動の
  総合的な省察
- 学習内容の定着
- 実生活への応用

まとめ

おもな学習活動

- イントロダクション
  学習テーマへの導入（テキストのリーディングや視聴、調べ学習など。）
  グループ活動への導入（ゲームやアイスブレイキングなど。）
  言語活動、身体活動への導入（エクササイズやエチュードなど。）

- グループワーク
  場面、登場人物、出来事の選択。
  ストーリーの想像／創造と構築。
  役割の選択。
  コンベンションの選択。
- アクティングアウト
  選択した人物の役割を担う。
  出来事や場面を演じ合う。

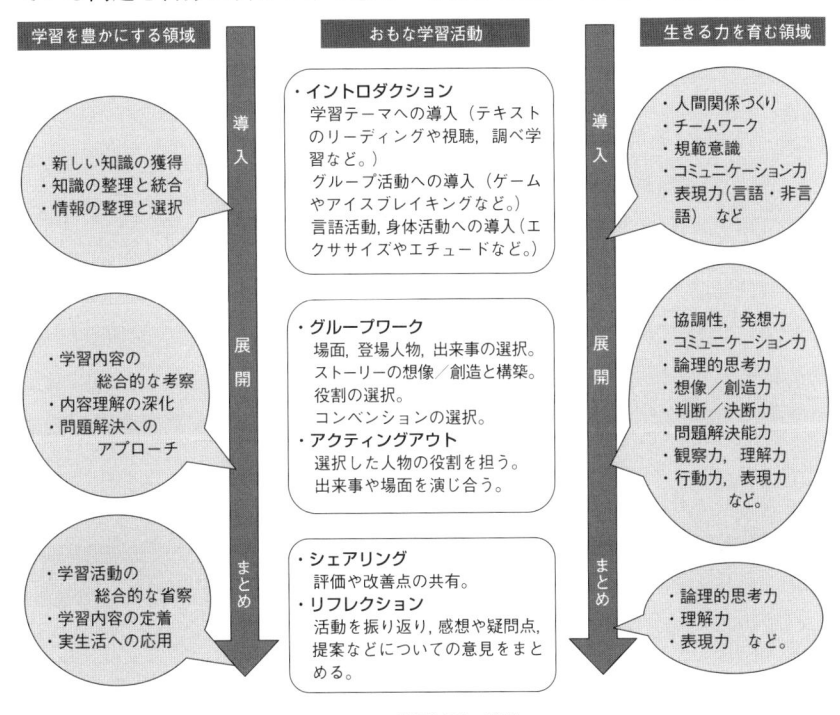

- シェアリング
  評価や改善点の共有。
- リフレクション
  活動を振り返り、感想や疑問点、提案などについての意見をまとめる。

生きる力を育む領域

- 人間関係づくり
- チームワーク
- 規範意識
- コミュニケーション力
- 表現力（言語・非言語）　など

- 協調性、発想力
- コミュニケーション力
- 論理的思考力
- 想像／創造力
- 判断／決断力
- 問題解決能力
- 観察力、理解力
- 行動力、表現力
  など。

- 論理的思考力
- 理解力
- 表現力　など。

図2　学習活動の構造

3　まとめ

授業の終わりには学習活動を検証し、学習内容を定着させるために、「共有（シェアリング）」と「振り返り（リフレクション）」の時間をもつ。アクティングアウトに対する改善点や評価を共有するとともに、活動全体についての疑問点や感想についても振り返る。

学級全体やグループごとでディスカッションをしたり，ワークシートを用いたりして，お互いの活動に対する印象や意見を率直に述べ合う。また，活動の中で自分が何をしたか，何を感じたか，何を考えたか。さらに，ほかのグループを観て何を感じ，何を考えたかを振り返り，グループや学級で共有する。そして，すべての活動と振り返りを通じて，テーマに対する理解や考え方がどのように変わったかをしっかりと検証していく。

4 授業の実施にあたって

1 レディネス（学習が成立するための準備）

　一般的に講義型の授業では，子どもたちは決められた場所に着席し，私語をせずに学習に取り組むことが授業中のルールとなっている。学習活動も，そのほとんどが個人の努力で完結するものであり，他者と協力したり，意見を述べたり聞いたりする機会は少ない。このような状況でドラマ教育を実施するには，子どもたちの緊張と不安を和らげ，レディネスを整えることが必要である。

　ドラマ教育の授業については，多くの教師たちが「むずかしい」と感じている。しかし，「子どもたちが思うように動かなくて……」，「時間がかかって進まない……」などの状況は，多くの場合レディネスに問題がある。つまり，子どもたちは「動かなかった」のではなく，「動けなかった」のである。ドラマ教育の活動は，思ったことを言ってみる，考えたことをやってみるというアクションと，それを受け入れ，反応するというリアクションの積み重ねである。レディネスが整っていない状況では，なかなか思うようには進まない。

　ドラマ教育のイントロダクションでさまざまなゲームやエクササイズを行うのは，このレディネスのためである。子どもたちがドラマ教育の活動に慣れるまでは，十分な時間をとってレディネスを整えたい。望ましいレディネ

スのためには，いきなり高いハードルを設定するのではなく，子どもたちが「これならできそう」と感じられるような低いハードルを設定し，数多くクリアさせていくことが効果的である。

2 環境

　もう一つのレディネスは，教室の環境である。本章の授業案の多くは，通常使用している教室（40人学級）を想定しているが，ドラマ教育の活動には，教室サイズのスペースが理想的である。体育館などの広すぎる空間だと，子どもたちは落ち着かなくなってしまう。このような場合には，使用するスペースを限定して実施する。

　子どもたちの年齢や学級の状況，さらには教師の好みによっても異なるであろうが，机もいすもない空間，もしくはいすだけの空間が使いやすい。机の置き場に困ったときには教室の壁側に並べ，中央にスペースを確保する。このような空間設定は，活動の展開によって自在にスペースをつくり出せることが一番の利点であるが，子どもたちのからだを，いつもとは違う少し不安定な状態にするという意図もある。机といすがそろってしまうとどうしてもからだが安定してしまい，アクションが起こしにくくなってしまう。机がないだけでも随分とはじめの一歩が軽くなる。

　座席は全員が顔の見える形に配置したい。スペースや人数にもよるが，例えば対面型，コの字型，ロの字型，円形などが好ましい。通常の座席ではクラスメイトの背中と後頭部しか見られない。座り方を変えるだけでも，学級の雰囲気はがらりと変わる。互いに顔を見て，目を見て話せる環境をつくることによって，話し合う活動が促進される。また，自然な形で互いに目を合わせることは，他者の視線に慣れることであり，不安や緊張を取り除くための有効な手だてでもある。

3 テーマの設定

　ドラマ教育のテーマは，子どもたちに向き合ってほしい問題を想定し，教

師があらかじめ設定する場合がほとんどである。実際には,「友達は必要か？」,「大切なのは愛か,お金か？」など,二者択一のテーマ設定,「お母さんになってみよう！」,「友達にうそをついてしまったら」など,活動の内容がわかりやすい具体的なテーマ設定,「平和について」,「働くということ」など,活動の内容がすぐにはイメージしにくい抽象的なテーマ設定までさまざまである。一般的には,学齢が上がるにしたがって抽象的なテーマを設定する。学齢が低い子どもたちに対しては取り組みやすさを優先し,学齢が高い子どもたちにはテーマの広がりを期待することがその理由である。

設定されるテーマに共通していることは,どのテーマも子どもたちの身近に存在してはいるが,ふだんは取り立てて注目しない事柄である点である。子どもたちにとっては目新しくないことをあえてテーマに設定し,自分たちの知識と経験を活用しながら学習を深めていくことがねらいである。

4 学習目標の設定

学習目標の設定にはさまざまな方法とレベルがあり,「活動自体を目標とする」,「活動による新たな知見を目標とする」,「活動による新たな洞察を目標とする」などを目標として設定する。例えば「お母さんになってみよう！」であれば,以下のような学習目標が考えられる。対象となる子どもたちに適した目標を設定したい。

・活動自体が目標：活動で母親になってみること。
・知見が目標：活動を通していろいろなタイプの母親を知ること。
・洞察が目標：活動を通して母親に対する思いを新たにすること。

ただし,ドラマ教育ではある特定の方向に子どもたちを誘導することはしない。教師が子どもたちに優しい母親像や母親に対する畏敬の念などを押しつけてしまうと,学習活動が表層的,消極的になってしまう恐れがある。教師は子どもたちが母親になること,母親を知ること,母親に対する思いを新たにすることに寄り添っていきたい。

また,ドラマ教育にはテーマに関する学習を豊かにする要素とともに,「生

きる力」を育む要素がある。例えば学習活動の中で自分の意見を主張すること，他人の意見を聞くこと……。さらには，グループにおける協調性やストーリーをつくる論理的思考力や，場面を演じる表現力などがこれにあたる。これらの項目も「グループ活動において自分の意見を主張できたか」などの，学習目標とすることができる。

このようにドラマ教育の授業にはさまざまな側面があり，目標の設定も多岐にわたる。個々の実践にあたっては，当該授業における目標を明確に，そしてバランスよく設定することが肝要となる。

5 授業進行の留意点

ドラマ教育の授業では子どもたちが実にいきいきと活動しているようにみえる。たしかにこのような子どもたちの姿は，ほかの学習活動ではあまりみられない。では，ドラマの手法を用いさえすれば子どもたちがいきいきと活動するかといえば，そうではない。それにはいくつもの裏づけがある。

ここまでに述べてきた活動の組み立てやレディネス，テーマ設定もその裏づけであるが，ここからは実際に授業を進行するにあたっての留意点をまとめていく。

①何をやるのか，なぜやるのかを説明する

小学校の高学年にもなると「やってみよう」のかけ声だけでは，子どもたちは動いてくれない。グループで話し合ったり，人前で演じたりすることを苦痛に感じる子どもたちもいる。また，「ばかばかしい」「意味がわからない」などと言って拒絶する子どもたちもいる。イントロダクションでは活動の目的や内容についての十分な説明を行い，全員が納得した状態で活動に入っていきたい。

②全員でルールを守る

ドラマ教育の学習活動には多くのルールが存在する。例えばそれは教師の指示，テキストやスティミュラスの設定を守ることであり，他人の意見をきちんと聞き，ほかのグループの発表を静かに観ることである。授業において

これらのルールが守られているからこそ，子どもたちは安心していつもとは異なる活動に取り組めるのである。授業では，一つ一つのルールをていねいに確認していきたい。

③**教師も子どもとともに学ぶ**

　子どもたちと同じように教師も慣れない活動には尻込みしがちである。そこで，まずは教師が活動の口火を切るようにしたい。初めての活動や子どもたちが恥ずかしいと感じるような活動を行うときには，教師自らが簡単なシミュレーションを行う。このことにより子どもたちの緊張がほぐれ，その後の活動がとてもスムーズに進行する。

④**子どもたちの結論を待つ**

　活動に慣れないうちはグループの話し合いもスムーズに進まず，決められた時間内で結論が出ないことがある。教師としてはつい救いの手を差し伸べたくなるが，ぐっと我慢して彼らのアイデアと行動力に期待したい。自分たちで考えたもの，つくったものであるからこそ学習に対する興味や意欲が持続していく。子どもたちが「やらされている」と感じない進行を心がけたい。

⑤**不適切な活動には修正を促す**

　グループで場面の設定やストーリーを構築していくことは，それほど容易な活動ではない。ゆえに，よいアイデアが浮かばずに苦しくなってくると，設定を無視した場面やストーリーがつくられることがある。最近ではお笑い系のギャグに走ることが多い。登場人物や出来事に関しての選択は子どもたちに委ねているが，設定を守らないことはルール違反である。不適切・不完全であることを指摘して修正を促したい。

⑥**無理を強いない**

　ドラマ教育の学習活動，特に人前で演じるような活動はだれもが恥ずかしいと感じ，失敗したくないと感じるものである。まずは自信のある子どもたちから始め，自信のない子どもには途中でのギブアップを認めるなどしてチャレンジのサポートを行いたい。教師は必要以上に子どもたちを追いつめるようなことはせず，次の機会を応援したい。

活動を拒否する子どもに対してもサポートが必要である。活動をしない子どもには，活動ができない理由がある。その理由に目を向けたうえで，活動の区切りで声をかけるなどして参加のきっかけを探していく。また，活動の記録係を依頼するなど，別の方法での授業参加を促すことも有効な手だてである。

5　評価について

ドラマ教育の評価には，授業の評価と学習の評価がある。授業の評価には，教師による授業の組み立てや進行方法についての検証と，子どもたちによる授業評価がある。学習の評価は学習活動による子どもたちの学びを評価するものであり，多くの場合は教師によって行われる。ここでは学習の評価について解説していく。

ドラマ教育の授業については，「いったいだれが，どのような規準で評価をするのか？」と，学生や教師たちから質問されることが多い。しかし，学習の評価に関して，特別な方法や技術を用いることはない。既存の教科と同様に評価を行うことが可能である。

ドラマ教育の場合，評価規準を作成する観点の領域は2つある。一つ目はテーマに関連した学習内容を豊かにする領域で，活動，知見，洞察などが評価規準となる。二つ目は「生きる力」に関する領域で，協調性や論理的思考力，表現力などが評価規準となる。実際には教科や単元の目標に基づいて4〜5項目の評価規準を作成し，各項目について3〜6段階の判断基準を設け，評価を行うことになる。

ほかの教科と同様に，教師だけが子どもたちを評価することも可能であるが，ドラマ教育の場合グループ活動が中心のため，すべての活動を教師がモニターすることがむずかしい。そこで，同じグループのメンバーやほかのグループの子どもたちを評価者に加え，あらかじめ設定した評価規準に基づいて評価を行うこともできる。むしろ，このほうが公平で的確である。中学生

以上の子どもたちであれば，このように実施した評価を集計・公表して，学習過程に取り入れる方法もある。公表された評価を各グループが持ち帰り，それをもとに同じ活動を，さらには次の活動を行うような授業展開もできる。具体的な評価に基づいた活動は，学習意欲を高め，学習内容に対する理解をより深める効果が期待できる。

6　本章の授業案について

　本章では多くの学齢に対応するドラマ活動を紹介するため，幼稚園・保育所から高校までの授業案を執筆者の知見と実践をもとに作成した。教科についても現状でドラマ教育が取り入れられる可能性のある教科を網羅した。また，授業案の作成にあたっては，実践への配慮から所要時間が少ない単元を設定し，授業の展開（指導案）をできるだけ詳細に作成した。さらに，評価が必要な教科については各教科の観点に則して評価規準を示した。

　もちろんこれらの授業案は，特定の学習集団を想定して作成されたものではないので，授業案としては完全なものではない。しかし，その分だけさまざまな学齢や学校種別，さらには学級集団に対応できるドラマ活動のエキスや実践に関するヒントが満載であると自負している。ぜひ，多くの指導案に目を通していただき，実践に役立てていただきたい。　　　　　　　　（高山　昇）

参考文献・引用資料

- 厚生労働省『保育所保育指針』フレーベル館，2008.
- 里見実『学ぶことを学ぶ』太郎次郎社，2001.
- 里見実『学校でこそできることとは，なんだろうか』太郎次郎社エディタス，2005.
- 高山昇「演劇的手法による学びの構造」『演劇と教育』575，晩成書房，2005
- 高山昇「演劇的手法で学ぶこと」『教育』56（5），国土社，2006.
- 高山昇「ドラマ教育による自己呈示能力育成の研究」日本大学博士論文（芸術学），2007.
- 高山昇「学校教育における演劇の今日的意義」『演劇教育研究』1，日本演劇学会演劇と

教育研究分科会，2008．
- 高山昇「ドラマ・メソッドによるパフォーマンス教育」『パフォーマンス教育』7，パフォーマンス教育協会，2008．
- 高山昇「授業『ドラマ』の実践」『演劇と教育』612，晩成書房，2009．
- 高山昇「ソーシャルスキル・ワーク」『パフォーマンス教育』8，パフォーマンス教育協会，2009．
- 高山昇ほか「『演劇教科書』第6回編集会議録」『児童・青少年演劇ジャーナげき』7，晩成書房，2009．
- 文部省『小学校学習指導要領』『中学校学習指導要領』1989．
- 文部科学省『小学校学習指導要領』ぎょうせい，1998．
- 文部科学省『中学校学習指導要領』ぎょうせい，1998．
- 文部科学省『高等学校学習指導要領』1999．
- 文部科学省『小学校学習指導要領』『中学校学習指導要領』2008．
- 文部科学省『幼稚園教育要領』2008．
- 文部科学省『高等学校学習指導要領』2009．
- 渡部淳『教育における演劇的知』柏書房，2001．
- 渡部淳『教師 学びの演出家』旬報社，2007．

第3章　学校におけるドラマ教育

◇ 魔法のなべ
自由な活動としての遊びからドラマ活動へ

子どもの自由な活動としての遊びから題材を得て，保育者の導きによるドラマ活動につなげてみる。今回は，お姫様ごっこ昔話「シンデレラ」から，魔法のなべで料理をするドラマ活動をしてみる。

領域
表現

対象
年少児・年中児

時間
30分

★ 活動のねらい

　幼児期は，生活から切り離して，「知識や技能を一方的に教えられて身に付けていく時期ではなく，生活の中で自分の興味や欲求に基づき直接的・具体的体験を通して」[1]，自らものごとにかかわりながら，心情，意欲，態度を培う時期である。したがって，子どもの遊びから題材を得て，保育者の援助と指導を伴いながら，ドラマ活動を展開し，さらに子どもの遊びが豊かになるようにしなければならない。

　今回のドラマ活動は，小グループの子どもがしている「お姫様ごっこ」「おままごと」「戦いごっこ」のための剣づくりなどの遊びからいくつかの要素を取り上げて，全員のドラマ活動を構成する。子どもが，感じたり考えたりしたことを自分なりに表現して，演じることの楽しさを味わい，お互いに見せ合うことを楽しむ経験を通して，イメージを豊かにする。

★ 評価について　　　　　※（　）内は評価に関連する観点

・自分なりの表現を楽しんでいたか。（心情・意欲）
・見ることを楽しんでいたか（心情・態度）
・グループ活動を楽しんでいたか。（心情・意欲）
・イメージしたことを動きや言葉で表現しようとしていたか。（心情・意欲）

1　文部科学省『幼稚園教育要領解説』フレーベル館，2008，p.25.

2 幼稚園・保育所において

> **新幼稚園教育・新保育所保育指針とのおもな対応**
>
> ねらい：感じたこと考えたことを自分なりに表現して楽しむ。生活の中でイメージを豊かにし、様々な表現を楽しむ。
> 内容：つくったりすることを楽しみ、遊びに使ったりする。自分のイメージを動きや言葉などで表現したり、演じて遊んだりするなどの楽しさを味わう。

▶ テキスト・準備物

・大きななべ，大きなスプーン，赤い布，積み木
・長いす（子どもたちが座って待っているための場所）
・黒いマント

▶ 活動の流れ

　子どもたちは，「シンデレラ」や「白雪姫」の語り聞かせの経験から，長いスカートをはき，王冠をかぶり，手に魔法の杖を持ってお姫様になって走り回っている。ほかのグループは，お母さんごっこで料理をしている。別のグループは，新聞紙を細く丸めて剣を何本も作っている。

　このような子どもの自由な活動としての遊びから題材を得た。まず数名の子どもと一緒に，魔法使いの大きななべと，なべをかき回す大きなスプーンを画用紙や棒などで作る。そして，紙などをちぎってなべの中身にする。

　今回は，魔法使いになって，魔法のなべに入れる材料や調味料を考えて，不思議な力のある剣づくりをする。

▶ 留意点

・保育者は，黒いマントを着て，大魔法使いというティーチャー・イン・ロールをする。思い切って演じてみる。
・あらかじめ，大きななべを作る。積み木を薪のように組み合わせ，その上に赤い布をかぶせて火に見立て，なべを乗せられるようにしておく。
・子どもの人数分の黒いマントを用意しておく。
・子どもが自分なりの表現をしていることや工夫していることを見いだし，それを認め，そのことを友達に知らせるようにする。

活動の展開

	子どもの活動	保育者の援助・環境構成
導入	・長いすに座って待つ。 ・魔法のなべが設置されるのを見る。 ・保育者が変身するのを見る。	・長いすを設定する。 ・魔法のなべを設置する。 （図：魔法のなべ／長いす） ・「これから，みんなで魔法の杖をつくるために，大魔法使いに変身します。エイヤー！」と言いながら，ひと回りする間にマントを着て，大魔法使いになる。
展開	・4～5人ずつ中央に置いてあるマントを着て，「エイヤー」などと好きな呪文を言いながら，ひと回りして，魔法使いに変身する。 ・マントをつけたら，元の長いすに戻って，座る。 ・「手伝う！」「助ける！」「何するの」などと応える。 ・「汚いー」「ウェー！」「やりたい」などと応える。	・保育者は，「これからみんなも魔法使いになる。ここにあるマントを着て，ひと回りすると魔法使いじゃ。よいな」と言う。マントを床に並べる。長いすごとに子どもを中央に招きいれる。 ・全員が，マントをつけたか確認する。 ・魔法の杖を見せながら，「このごろ，この魔法の杖がうまく働かなくなってしまった。どうやら，修理が必要のようである。魔法使いたちよ，手伝ってくれるか？」と問いかける。 ・大きな魔法のなべをかき回しながら，「この中に新たな材料や調味料を入れて，魔力を高めて，魔法の杖をひたさなければ

展開	・手を上げた子どもが前に出て，自分の考えたものを入れるまねをする。 ・全員が，何であるかを言い，パントマイムをしながら，魔法のなべに入れる。 ・大魔法使い（保育者）の話を聞く。 ・魔法の杖を見る。 ・希望者が手を上げて，中央に歩み出る。 ・机のまねをする。	ならない。まずは，ヒキガエル，それに耳くそを入れよう」と言って，なべに入れたそぶりをしてかき回す。 ・「だれが，次に材料を入れたい？」と聞く。 ・子どもが工夫したことを見つけて，ほかの子どもたちに知らせる。とまどっている子どもがいたら，ヒントを出す。 ・なべをかき回し，ときどき味見をして，感想を述べる。 ・全員が入れ終わったら，味見をして，「すごくおいしい！」と言いながら，出来上がったことを伝える。 ・効力の落ちた魔法の杖をひたして，だんだんにパワーが出てきたことを示す。 ・魔法の杖を試すために，協力者をつのる。 ・魔法の杖を回して，「机になれ」と言う。もし，しなかったら，魔法の杖の効力が弱いと言って鍋にひたし，もう一度試す。 ・「やっと魔法の杖が元に戻った」と言いながら，子どもたちにお礼を言う。
まとめ	・マントを脱ぎ，長椅子に座る。	・「今日は，疲れたのでこのくらいにして，次回に続きをしよう！」と言いながら，ひと回りしてマントを脱ぎ，子どもたちにも脱ぐように言う。

▶ 活動の発展と応用

・保育者や子どもが，魔法の杖を使って変身ごっこをする。
・魔法使いが，どのような魔法ができるかを考え，魔法使いごっこをする。
・魔法使いの家づくりをする。

（小林由利子）

◇ ウクライナ民話『てぶくろ』の劇化
絵本の読み聞かせから劇遊びへ

ウクライナ民話『てぶくろ』の絵本をもとに，クリエイティブ・ドラマの手法を使って，子どもたちの発想を引き出し，お互いに見せ合いながら，言語化と身体化をするドラマ活動である。

領域 言葉
対象 年少児・年中児
時間 30分

▶ 活動のねらい

　幼稚園・保育所等において，『てぶくろ』は，絵本の読み聞かせの教材としてよく取り上げられている。さらに，『てぶくろ』は，さまざまな動物が登場し，繰り返しの言葉が多く，起承転結が明確であり，劇化しやすい教材の一つといえる。物語の構造がしっかりしているので，登場人物を増やしたり，登場人物に合わせてせりふをつけ加えたりすることもたやすくできる。
　絵本の読み聞かせから劇化をする過程で，見たり聞いたりした経験から，絵本の登場人物になって，実際に演じてみることになる。この活動を通して，子どもがもっているイメージを身体化することができる。
　相手の言っているせりふをよく聞き，それに対応したせりふを自分なりに考えて言葉で表現する楽しさを味わう。そして，お互いに伝え合う喜びを経験する。絵本の読み聞かせの経験から自分なりにイメージして，言葉とからだで表現することを楽しむ。

▶ 評価について　　　　　　　　　※（　）内は評価に関連する観点

・保育者と友達の話を聞こうとしていたか。（意欲・態度）
・友達とのせりふのやりとりを楽しんでいたか。（心情）
・グループ活動を楽しんでいたか。（心情・意欲）
・イメージしたことを言葉とからだで表現しようとしていたか。（心情・意欲）

2 幼稚園・保育所において

> **新幼稚園教育要領・新保育所保育指針とのおもな対応**
>
> ねらい：人の話をよく聞き、自分の考えたことを言葉で話し、伝え合う喜びを味わう。絵本や物語などに親しみ、先生や友達と心を通わせる。
>
> 内容：人の話を注意して聞き、相手に分かるように話す。いろいろな体験を通じてイメージや言葉を豊かにする。

◆ テキスト・準備物

- 『てぶくろ』[1]
- いす（子どもの人数分、手袋の形をつくるため）
- 長いす（子どもたちが座って待っているための場所）

◆ 活動の流れ

子どもたちは、すでに『てぶくろ』の読み聞かせの経験を数回している。さらに、登場する動物が言っている言葉を保育者と一緒に言ってみたり、問いかけにこたえたりする経験をしている。そして、自分のなりたい動物を考え、どんな特徴のある動物かということも言ってみる経験をしている。

このような絵本の読み聞かせと会話のやりとりの経験を踏まえて、今回は実際に子どもがなりたい動物になって、同じせりふを繰り返したり、即興的にせりふを言ったりすることを楽しむ。

◆ 留意点

- 子どもたちが、自然に保育者の絵本の読み聞かせに唱和したり、問いかけのせりふのあとに時間を空けるとこたえたりするようになるまで同じ絵本を繰り返し読み聞かせるようにする。
- 『てぶくろ』のペープサートを作り、子どもが自由な活動のときに使って遊べるようにしておく。
- 子どもが自分なりの表現をしていることを見いだし、それを認め、そのことを友達に知らせるようにする。

1　エウゲーニー・M・ラチョフえ（うちだりさこやく）『てぶくろ——ウクライナ民話』福音館書店、1965.

活動の展開

	子どもの活動	保育者の援助・環境構成
導入	・長いすに座って待つ。 ・いすが手袋の形に設置されるのを見る。	・ホールに長いすを設定する。 手ぶくろの形にいすを並べる／長いす ・幼児用のいすを内側に向けて手袋の形に並べる。
	・「さかな」「手袋」「お家」などと言う。	・「何に見えますか？」と尋ねる。 ・絵本『てぶくろ』を見せながら,「今日は,みんなで『てぶくろ』に入る動物になりましょう」と言う。
	・話の流れをつかむ。	・『てぶくろ』のあらすじを話す。
展開	・自分のなりたい動物を考える。 ・一人ずつ,手袋のドアの前に来てドアを叩く真似をしながら「トントン」と言う。 ・「大きなゾウです。入れてください」などと答える。 ・歌を歌ったり,スキップしたり,楽器を演奏したりなど,自分の好きなこ	・保育者が設定した手袋の中に入り,「なりたい動物になります」と伝える。 ・子どもがそれぞれ考えついたかどうかを確認して,「では,始めましょう。手袋のドアのところにきたら,トントンとドアを叩いてくださいね」と,叩いてみせる。 ・「どなた？」と聞く。どんな動物か言わなかった場合は,「どんなゾウですか」と問いかける。 ・「入れてあげてもいいですが,何か得意なことをしてください」と言う。 ・子どもが自分なりの表現をしたら,「どう

展開	・とをする。 ・次の子どもが「トントン」と戸を叩く。 ・次々に戸を叩き，自分の得意なこと，好きなことをして，手袋の中に入る。 ・手袋の中に入り座っている。 ・手袋から逃げ出す。	ぞお入りください」と手袋に導き入れる。 ・子どもが順番がわからなくなっていたら，「○○ちゃん，どうぞ」と声をかける。 ・すでに手袋の中に入っている子どもと一緒に「どなた？」と聞く。これを最後の子どもが入ってくるまで繰り返す。 ・躊躇している子どもがいたら，ふだんしていることをしたらどうか，あるいは仲のよい友達と二人でしてみたらどうかと促す。 ・手袋から出ながら入口を大きく開け，「おじいさんが手袋を拾いにやってきました」と言って，子どもたちに逃げるように促し，長いすに急いで座るように言う。 ・おじいさんになって登場し，「こんなところに手袋があったのか」と言いながら手袋を拾うまねをして退場する。
まとめ	・「○○ちゃんの踊り」，「○○ちゃんのでんぐりがえし」などと答える。	・「どんなところがすてきでしたか」と聞く。 ・子どもが工夫したところをほめる。

★ 活動の発展と応用

- 保育者が『てぶくろ』の人形劇，ペープサート，パネルシアターなどを演じて，子どもたちに見せ，これらで使用した教材を子どもたちが自由な活動のときに使って遊べるように設定する。保育室のコーナーを使って劇場スペースをつくっておく。
- 大きな手袋を製作し，生活発表会で『てぶくろ』の劇を演じて観せる。
- 絵本の会話部分である「おしゃれぎつね」という名詞を形容する言葉をつくる経験を重ねる。例えば，「おしゃべりなアヒル」，「優しいゾウ」など。
- 絵本『てぶくろ』を登場人物を変えないで劇化する。

(小林由利子)

第3章　学校におけるドラマ教育

◆ 影絵遊び
影の不思議さや面白さを楽しもう

2種類の影絵遊びを行う。映し出された影が何の影かを当てる遊びのあと，それが何の影であるかを踏まえたうえで，もしも違う物の影だとしたら何に見えるか，いろいろな物を想像して楽しむ。

領域	環境
対象	年長児
時間	60分程度

▶ 活動のねらい

　影は，光源との関係でその大きさや形，色の濃さなどが変化するため，自然の不思議さや面白さを身近に感じることのできる事象の一つである。教材としても，三次元の立体物をその影では二次元の平面体にすることができたり，影の形を意図的に変化させたりすることもできるなど，子どもの好奇心を刺激し，図形や形への興味をもたせることもできる教材と言えよう。ここ数日，園庭での自由遊びの際に影踏みを楽しんでいるグループがみられた。影への興味や関心が子どもたちの中で高まっていると感じたため，子ども全員を対象とした遊びを設定した。

　活動のねらいは以下の3つである。
① 影に親しむ影絵遊びを通して，より影に興味や関心をもつ。
② 影絵遊びの中で，感じたことや思ったことを自分なりに言葉にする。
③ 友達と一緒に影絵遊びをする。

▶ 評価について

　評価の観点は以下の3つである。
① 影や影絵に興味をもち，日常の遊びに取り入れようとしているか。
② 遊びの中で自分なりの発言を積極的にしているか。
③ 友達と一緒に楽しんで遊んでいるか。

2　幼稚園・保育所において

> **新幼稚園教育要領・新保育所保育指針とのおもな対応**
>
> ねらい：(1)身近な環境に親しみ，自然と触れ合う中で様々な事象に興味や関心をもつ。
> 内容：(2)生活の中で，様々な物に触れ，その性質や仕組みに興味や関心をもつ。
> (4)自然などの身近な事象に関心をもち，取り入れて遊ぶ。

▲ テキスト・準備物

・影絵用の台，布（スクリーンやシーツでも代用できる）
・光源（大きめの懐中電灯でも可）
・写す素材（身近にある物：生活用品，台所用品，おもちゃ等）
・保育室に置く絵本の例：『影ぼっこ』[1]『オフェリアと影の一座』[2]

▲ 留意点

・気温の高い日はカーテンを閉めきると室温が上がりやすいので，こまめに窓を開けたり，空調設備を使用したりする。
・光源は熱くなる場合があるので，子どもが近づいたり触れたりしないよう注意する。
・台は子どもが操作することも考慮して60〜70cm程度の高さの安定したものにする。投影に使う布も，同様にあまり大きくしない。
・投影する素材は，身近なもので，子どもたちにも親しみのあるものを選ぶ。
・懐中電灯を光源として使う場合は外の光があまり入らないように，厚手のカーテンを閉めるなどの工夫が必要である。
・2つ目の，影を見て素材を想像する遊びは，正解を探すのではなく，めいめいのとらえ方が異なることを楽しむことをねらいとした活動である。1つ目の活動との違いを子どもに理解させるようにする。

1　ブレーズ・サンドラールぶん，マーシャ・ブラウンえ（おのうえたかこやく）『影ぼっこ』ほるぷ出版，1983.
2　ミヒャエル・エンデ文，フリードリヒ・ヘッヘルマン絵（矢川澄子訳）『オフェリアと影の一座』岩波書店，1988.

活動の展開

	子どもの活動	保育者の援助・環境構成
導入	・いすに座って活動が始まることを楽しみに待つ。 （図：光源／台とスクリーン／長いす） ・保育者の話を聞く。	・遊戯室等に影絵用の簡易スクリーンを設置し、光源も準備しておく。部屋を暗くする。 ・子どもが落ち着いて活動できるように長いすを用意しておく。 ・「今日は影絵遊びをします。どんな遊びかな？　楽しみだね」と期待をもたせる。
展開	1.影絵遊び「何の影かな？」を楽しむ 2.影絵遊び「ほかには何に見えるかな？」で影からイメージを広げ、楽しむ	・「いまから何かの影を映します。何の影かわかるかな？」と問いかける。 ・物を台の上に置き、光源をつける。 ・最初はすぐ正解できるようにわかりやすい形で映す。 ・次に、角度を変えて映す。例えばやかんの場合、注ぎ口をスクリーンに向けたり、底の面のみを強調したりする。 ・「次はいままでと違うことをするよ」と子どもの気持ちを切りかえさせる。 ・「この影は何でしたか？」とさきほど使った素材の中から同じ影を映す。 ・「やかんの影でしたね」と確認する。 ・やかんを連想できないような形にするために角度を変えて「あら？　こうすると何か別の物に見えてくるね。みんなは何に見える？　何だったら面白い？」と質問する。

展開	3.自分たちで影絵遊びを行う。	・何も出ない場合は「先生は〇〇だったら面白いな」とヒントを出す。 ・さらにイメージを広げられるよう、「もしも色がついていたら、それはどんな色？」等、色や素材、質感、においの質問をする。 ・慣れたところで投影係をつのる。 ・熱くなっているかもしれないので、子どもが光源に近づかないよう注意する。 ・どちらか好きな遊びを選ばせる。どちらの遊びをするのかを伝えてから始めさせる。
まとめ	4.感想を言う。保育者の話を聞く	・「今日はみんなで影絵遊びをしたね。面白かった？」と感想を聞く。 ・最終的には「みんなだけでも影を使って遊んでね」とまとめる。

🧭 活動の発展と応用

・影をモチーフにしたストーリーがえがかれている絵本を保育者が読む。本棚に目立つように置く。
・科学図鑑など、影が生まれるメカニズムについて書かれている本を紹介する。本棚に目立つように置く。
・影から想像したイメージを絵に描いたり、色をつけたりする遊びを促す。
・影から想像したイメージを、からだを使って形づくったり、動いてみたり、しゃべったりする変身遊びを促す。
・影ではなく、今度は身の回りにある物や生活音を利用して、「アルミホイルをつぶす音は、想像すると怪獣の鳴き声にも聞こえてきます」など、本時と同様の遊びを促す。

(山本直樹)

◇ たくさんのありがとう
伝える相手や場面によって声の大きさを変える

大きな声で言う「ありがとう」。小さな声で言う「ありがとう」。声の大きさを手がかりにいろいろな場面を考え,実際にたくさんの「ありがとう」を自分たちで演じてみる。

教科	国語
対象	小学校低学年
単元	全2時間

▶ 活動のねらい

　小学校の教室でよく目にする掲示物に「声のものさし」がある。学校内での声の大きさのめやすを表したもので,教師が状況に応じて指示したり,子ども自身が調整したりするのに用いられる。多くは3〜5段階に分けてあり,教室の目立つところに掲示してある。地域や学校で違いはあるが,ほぼ同様の内容で,「0」は心の声,「1」は隣の席の友達と話す声,「2」は班やグループの中で話す声,「3」は学級全員に話す声,「4」は校庭で離れたところにいる友達と話す声などとなっている。

　本単元のねらいの1つ目は,言葉の背景を読み取る力を育てることである。言葉と声の大きさから場面をつくり出すには,言葉を発する人物の立場や気持ちを想像する力と,それらを材料としてストーリーを組み立てることが必要となる。言葉の背景を読み取るむずかしさと楽しさを実感してほしい。

　2つ目は「声のものさし」を実際の場面で使ってみることである。自分のイメージどおりの大きさで声を出せているか,体験を通して学んでほしい。

▶ 評価について　　　　　　　　　　　　※（　）内はおもに関連する観点

　学習評価は,ワークシートと発表を重視する。以下に評価規準例を示した。
・声の大きさに応じた場面をつくることができたか。（知識・理解）
・話し合いや発表を積極的に行うことができたか。（関心・意欲・態度）
・場面に応じた声の大きさで「ありがとう」が使えたか。（技能・表現）

3 小学校において

・活動を振り返り，感想がまとめられたか。（思考・判断）

> **新学習指導要領とのおもな対応**
>
> 目標：(1)相手に応じ，身近なことなどについて，事柄の順序を考えながら話す能力。
> 内容：A 話すこと・聞くこと。(1)ウ 姿勢や口形，声の大きさや速さなどに注意して，はっきりした発音で話すこと。(2)イ 尋ねたり応答したり，グループで話し合って考えを一つにまとめたりすること。

◆ テキスト・準備物

・「声のものさし」のプリント
・ワークシート1（5つの「ありがとう」のアイデアを記入する）
・ワークシート2（授業感想を記入する）

◆ 学習活動の流れ

　1時間目は「声のものさし」についての説明（既習の場合は省略）をし，「おはようございます」「こんにちは」など，いくつかの言葉で，実際に5段階の声を出してみる。その後，5段階の声で言う「ありがとう」の場面や相手を，各自で考えてワークシートに記入する。

　2時間目はグループになり，実際に「0」から「4」の大きさで言う「ありがとう」の場面をつくり，順番に発表していく。最後に感想をまとめる。

◆ 留意点

・1時間目の声を出す活動には十分な時間をとりたい。最初は全員，次に列ごとと，徐々に人数を減らしていき，一人一人がしっかりと言えているかを確認する。
・発表はそれぞれのグループの場所，もしくは黒板の前のスペースで行う。
・発表の時間は1グループ5分程度。1つの「ありがとう」の場面は30〜60秒。会話だと5往復程度。「0」⇒「4」，または「4」⇒「0」の順に，5つ連続で発表をしていく。
・授業感想のワークシートには，感想が書きやすいように「どのありがとうが，一番むずかしかったですか」など，いくつかの質問を設定しておく。

第3章　学校におけるドラマ教育

🔺 活動の展開（2時間目）

	学習活動の内容	教師の助言・留意点
導入	1. 前時の内容を復習する	・「ありがとう」を全員で「0」から「4」の大きさで言ってみる。
	2.「ありがとう」のアイデアが記入されたワークシートをもう一度見る	・「前回のワークシートを見てください。今日は0から4の大きさで言う，『ありがとう』の場面をつくって，グループごとに発表してもらいます。協力して，元気な『ありがとう』や楽しい『ありがとう』を発表し合いましょう」
	3. 学習内容の説明を聞く	・活動の流れを説明しながら板書する。 《板書例》 5つのありがとう ①順番にグループの中で発表する。 ②グループで一人のシートを選ぶ。 ③話し合って場面をつくる。 ④リハーサル ⑤発表
	4. 座席を移動し，グループに分かれる	・「では，グループの座席に移動してください」 ・グループの人数は6～8人程度。
展開	1. 5つの「ありがとう」のアイデアを，一人ずつグループの中で発表する。	・順番はじゃんけんで決める。 ・全員に声を出す活動をさせることは，発表へのウォーミングアップになる。
	2. グループで一人のシートを選ぶ。	・シート選びは挙手などで時間をかけずに進めたい。0から4，それぞれについて一つずつ選ぶ方法もある。
	3. 選んだアイデアをもとに演じ	・グループで話し合い，「ありがとう」

展開	る役割と場面を決める	を言う(ための)相手(複数でも可)と，場所を決める。 ・この活動が一番むずかしい。各グループを回って，助言をしたい。シートの内容の通りに，実際にやってみることを促していく。だれがどの役をやるのかは，じゃんけんやくじなどで決めてしまってもよい。ただし，全員が何らかの役を担うようにする。
	4.簡単なリハーサルを行う	・リハーサルの際には，恥ずかしがらないように助言を行う。 ・最後のリハーサルはいっせいに行い，時間を計っておく。
	5.グループごとに5つの「ありがとう」を演じる（発表）	「最初のグループは前に出てきてください。0から4を5つ続けて発表してもらいます。観ている人たちは静かに観て，終わったら大きな拍手をしてください」
まとめ	1.各自で授業の感想をまとめる	・座席を元に戻し，授業感想のワークシートを配布する。 ・回収した後，感想のいくつかを読み上げ学級全体に紹介する。

🢂 活動の発展と応用

・道徳の授業と関連づけた指導もできる。その場合，「ありがとう」のほかに「ごめんなさい」や「がんばって」などの言葉が適している。
・「1の段階の声で言う言葉には，どんなものがあるだろう」など，声の段階から言葉を探す授業展開もできる。
・「ありがとう」を言われた相手の反応を参考に，このあとどうなったかまで演じていくと，場面がストーリーになっていく。

（高山　昇）

◇ 消防の仕事
安全なくらしとまちづくり

火事の現場から避難したり，消防隊員として消火したりする場面等をつくることを通して，消防署の仕事や機能について，自分が知らないことや調べたいことをはっきりさせる。

教科 社会
対象 小学校4年生
単元 全8時間

◆ 活動のねらい

　火事の際には消防車がすぐに到着し，消火活動を始めることは，多くの子どもが知っている。しかし，関連機関との協力体制や組織的な活動等をしていることについてはほとんど視野に入っていない。子どもたちは消防車・救急車・パトカー等にあこがれをもっており，彼らの知的好奇心を揺さぶる学習テーマであろう。

　消防署への社会科見学に向けて，既知の知識や経験を生かした表現活動を行うことを通して，自分たちは何を知らないのか，もっと調べたいことは何かに気づかせたい。また，体を使う活動のため，消防の役割や関連機関との協力体制についての体験的な理解も期待できる。

◆ 評価について　　　※（　）内はおもに関連する観点

・消防署の仕事や働きについて関心をもち，意欲的に調べようとしている。（関心・意欲・態度）
・消防署で働く人に問題意識をもち，見いだした問題を追求・解決している。（思考・判断）
・消防署の仕事やはたらきについて予想しながら表現することができる。（技能・表現）
・消防署の仕事や関係機関のはたらきを具体的にとらえている。（知識・理解）

3 小学校において

★ テキスト・準備物

・前時で使用した火災の写真。
・通信司令室と消防，救急，警察，ガス，水道等の関係がわかる図。

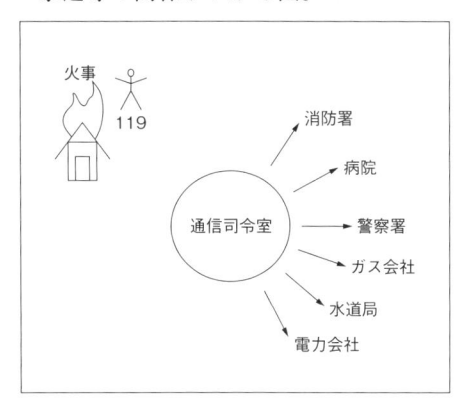

```
火事
 119    → 消防署
         → 病院
 通信司令室 → 警察署
         → ガス会社
         → 水道局
         → 電力会社
```

> **新学習指導要領とのおもな対応**
>
> 目標：(1)人々の健康な生活や良好な生活環境及び安全を守るための諸活動
>
> 内容：(4)地域社会における災害及び事故の防止について，次のことを見学，調査したり資料を活用したりして調べ，人々の安全を守るための関係機関の働きとそこに従事している人々や地域の人々の工夫や努力を考えるようにする。

★ 学習活動の流れ

1時	火事の恐怖	4・5時	消防署の見学
2時	消防の仕事（本時）	6時	見学のまとめ
3時	見学の準備	7時	身の回りの消防設備

★ 留意点

・消防の仕事の再現をしてみて，気づきをもたらすことがねらいなので，本物の消防活動を連想できる表現であるかどうかにはこだわらない。
・事実関係と大幅に異なる活動や子どもが開放的になりすぎて活動が継続させられないような事態が起きてしまったら，活動をいったん止め，解説を加えたり，修正指導をしたりする。そのうえでもう一度その場で挑戦させる。もし教師が役として活動に参加している場合は，いったんその役から離れる。このルールについてはあらかじめ説明しておくのもよい。

🧭 活動の展開

	学習活動の内容	教師の助言・留意点
導入	1. 前時「火事の恐怖」の復習 2. 本時の活動を知り，準備する ・6チームに分け，3チームは避難場面，3チームは消火場面をつくる。	・前時に提示した火災現場の写真を見せ，火事の恐怖，教室からの避難手順について思い出させる。 ・「今日は消防署に見学に行くための準備として，避難や消火の場面をつくってみましょう。消防署で何を調べたいかを，あとで考えましょう」
展開	1. 場面構成を考え，練習する ①学校で火事が起き，教室から外に避難する場面：【演じる過程：発生→避難】 ②消防署から出動し現場で消火する場面：【演じる過程：連絡→出動→消火】 2. 発表する 火災発生→消火活動 ・避難と消火1チームずつ発表する。 3. 発表に教師が司令室として参	・場面構成のやり方を提示する。 ・先生役と子ども役に分ける。 ・練習する中で，消防についてわからないこと，調べたいことに気がついたらメモさせる。 ・「変なところがありませんでしたか？ なぜ火災現場がわかったのですか？」 ・「火事が起きたことをだれかが通報しないと，場所がわからないですよね。火事を発見したら，何番に電話をするのですか？ そうです。119番です」 ・この場面から教師が119番（通信司令室）役で参加することを伝え，発生から避難までの手順を確認する。 ・先に通信指令室の必要性に気づいていたら前の場面から活動に組み入れる。 ・次のチームが発表する際に，それ以外

	加する	のチームの子どもとこっそり打ち合わせ，火事の際にけがをした人の役として数人登場させ，「痛い」「救急車を」等叫ばせるよう指示する。
	4.司令室の役割を知る	・おそらく混乱状態になるので，活動を静止させ，座らせて落ち着かせる。 ・「火事ではけが人が出るかもしれません。通報の際にはけが人がいるということも伝えましょう。そうしたら消防車だけでなく救急車も来ます」 ・「ほかにも現場に来る車があります。パトカーです」 ・「これらを結びつけているのが通信司令室です。先生がした役割です。119番にかけたら，実はここに通じるのです」と図を見せて説明する。
まとめ	1.まとめをノートに記入する	・わかったことや調べたい疑問点をチームで話し合わせてノートにまとめさせる。 ・次回は見学の準備をすることを伝える。

▶ 活動の発展と応用

・例えば，非難，けが人，消防，警察，通信司令室をチームに割りふり，場面ごとの構成を考えさせ，火災発生→避難→通報→司令室→消防→救急→警察→消防が現場到着→警察が現場到着の場面を展開してみる。
・火災発生時に119番をダイヤルし，伝えるべき情報を的確に伝えることは重要である。その場面だけを抜き出し，多くの子どもに経験をさせる。
・消防署の見学のあとに，今度は細部にまでこだわりをもたせてもう一度同じ活動を行い，学習の成果を実感させる。　　　　　　　　　　（山本直樹）

◇ ウソつきは泥棒の始まり？
周りの人たちに信頼される自分を育てる

絶対についてはいけないウソって，どんなウソなんだろう？　この活動ではグループでウソをつく場面をつくり，いろいろな立場の人物を実際に演じながら考えていく。

教科	道徳
対象	中小学校学年
単元	全2時間

🔶 活動のねらい

　本単元はウソをテーマとするが，主眼は子どもたちに「ウソはつかないようにしましょう」という教訓をあらためて提示することではない。むしろ，だれもがついウソをついてしまう心をもっていること，さらには，一つのウソが及ぼすさまざまな影響について，広く気づき，考えていくことをねらいとしている。実際にウソをつく・つかれる立場や，さまざまな場面の役割を演じる（担う）活動を通して，自らの言動について思いを新たにしたい。

　ドラマ活動で役割を演じるという行為は，しばしば個々の子どもの記憶と結びつき，過去の言動に対して深い反省を促すことがある。しかし，これは本単元のねらいではない。あくまで副次的な効果であると考えたい。

🔶 評価について

　「道徳」は教科ではないので評価は行わないが，以下の観点について留意したい。また，子どもたちが学習活動を通じて「何を感じ」「何を考えた」のかを，授業感想などでていねいに振り返らせたい。

・自分の言動が周囲の人たちに与える影響に気づき，慎重に行動しようとする態度を養う。
・自分に対する周囲の人たちの期待や信頼に気づき，それに応えようとする気持ちを育てる。
・ドラマ活動を通じて自らの言動について考え，自律の精神を養う。

> **新学習指導要領とのおもな対応**
>
> 目標：道徳的な判断力
> 内容：1. 主として自分自身に関すること，2. 主として他人とのかかわりに関すること。

◆ テキスト・準備物

とくに使用するものはないが「よくばり小がらす」[1] は，関連する教材である。

・ワークシート1：個人で書く「5つのウソ」シート
・ワークシート2：グループで作成するランキング表
・ワークシート3：感想を記入する振り返りシート

◆ 学習活動の流れ

1時間目はグループで「絶対についてはいけないウソ」を決める活動。まず，一人一人が「5つのウソ」を考え，ワークシートに書く。①どんなとき（場所）に，②だれが，③だれに対して，④どんなウソをついたのかについてまとめる。実際についたり，つかれたりしたウソでもいいし，フィクションでもよい。それを持ち寄り，グループごとに「絶対についてはいけないウソ」のランキング表を作成する。

2時間目はランキング表をグループごとに交換する。ほかのグループが作成したランキング1位のウソの登場人物，せりふをグループで考え，実際にウソをつく場面をグループの中で演じてみる。グループの中で役割を交代し，何度も演じてみる。授業の終わりには，各自で活動の振り返りを行う。

◆ 留意点

・グループは4〜8人程度。あまり多くならないようにする。
・1時間目と2時間目はグループのメンバーを変えない。
・登場人物やせりふを考える際には，交換したランキング表の設定を遵守。
・演じる時間は2，3分程度。長くならないようにする。
・すべての子どもが複数の役割を演じるように配慮する。

---

1 『かがやけみらい どうとく3年（東京都版）』学校図書。原典は「黒丸烏と鳩」イソップ（中務哲郎訳）『イソップ寓話集』岩波書店，2002.

活動の展開（2時間目）

	学習活動の内容	教師の助言・留意点
導入	1.本時の学習内容と順序の説明を聞く 2.第1時と同じメンバーで，グループの座席になる	・活動の内容と順序，各活動の終了時間を口頭で説明する（あとで板書する）。 ・グループの座席は1時間目と同じ。グループごとに机を寄せる。
展開	1.別のグループが作成した「ついてはいけないウソ」のランキング表を見て，グループで話し合う 2.ランキング表1位のウソについて，登場人物とせりふをグループで考える 3.演じる際のルールを聞く	・各グループに，前回別のグループが作成したランキング表を1枚ずつ配布する。 ・「まず，ほかのグループのランキング表をよく見てください。そして，どんな理由で順位をつけたのかを，グループで推測してみてください」 ・話し合いを中断して，注目させる。 ・「これから，1位のウソの場面をグループの中で演じてみようと思います。表に書かれている①どんなとき（場所）に，②だれが，③だれに対して，④どんなウソをついたのか，を参考にグループで登場人物のせりふを考えてください」 ・グループを回り，進行状況を確認する。 ・各グループがせりふを決めたころを見はからって，話し合いを終了させる。 ・「これから1位のウソの場面をグループの中で演じてもらいますが，注意点が二つあります。一つはもともとの設定を変えないこと。二つ目は照れないで最後まで演じきることです」

展開	4.演じる役割を選び，1位のウソの場面をグループの中で演じてみる ・ほかのグループ同士で，互いに観合うことはしない。	・「役割を交代して，何度も演じてみます。自分が演じてみたい人物を複数選んでください。では，役割が決まったグループから，演じてみましょう」 ・グループを回り，役割決めを促す。場面の演技が始まったら，励ましのコメントをして回る。また，教師が子どもたちに代わってさまざまな役割を演じて回ると活動が活発になる。 ・各グループが役割を交代しながら5回以上演じたころを見はからって，演じることを終了させる。
	5.代表グループによる発表	・時間に余裕があるときには，いくつかのグループに場面を演じてもらう。
まとめ	1.活動を振り返り，感じたこと，考えたことなどを振り返りシートに記入する	・座席を元に戻させ，全員に振り返りシートを配布する。 ・「今日の授業を振り返ってみましょう。シートには，①どんな役割を演じたか，②何を感じたか，③何を考えたかを記入してください」

活動の発展と応用

・活動の進行状況を見極め，学級全体への発表を行う。
・ランキング表の1位から3位を続けて演じてみる。
・ウソをつく場面に続けて，ウソがばれる場面を演じてみる。
・ウソに関係する新たな人物を加えて，シーンを演じてみる。
・自分が演じた人物やグループで演じられた人物になって，その人物のモノローグ（ひとり言）を振り返りシートに記入してみる。　　　　（高山　昇）

◇ アルファベット
からだで遊ぼう

コミュニケーション能力の素地を養う外国語活動のなかで，アルファベットの文字を紙に書いたり読んだりするのではなく，からだ全体と音，声を使って親しむ活動である。

教科	活動 外国語
対象	小学校6年生
単元	全1時間

▶ 活動のねらい

　6年生最初の外国語活動として『英語ノート』にもアルファベットの大文字小文字に親しむという単元がある。大文字小文字のアルファベットがわかるようになったあとで，アルファベットに親しむアクティビティの一つとして，グループでからだ全体を使ってアルファベットをつくってみるのが本単元の活動である。子どもたちが担任，ALTと一緒に楽しみながらアルファベットに親しむことをねらいとする。

▶ 評価について

・グループでの活動を通じて，コミュニケーションを図ろうとする態度がみられる。
・英語という言語の基本となる文字であるアルファベットについて体験的に理解が深まり，言語や文化への関心が高まる。

▶ テキスト・準備物

・『英語ノート2』[1]
・『It's for the Kids! Book1〜3』[2]

1　文部科学省『英語ノート2』教育出版，2009.
2　津田塾会『これさえあればすぐできる It's for the Kids! Book1』『同 Book2』『同 Book3』明治図書，2007.

3 小学校において

◆ 学習活動の流れ

『英語ノート2』のLesson1, 第1時として計画されているアルファベットの文字をみつけるアクティビティ, "The Alphabet Song", アルファベット・カルタ取りが終わったあと, 第2時にこの活動を挿入する。これにより, Lesson 1の第5時, 6時で予定されている, 身の回りでアルファベットの文字を探すアクティビティへの橋渡しとなる。

> **新学習指導要領とのおもな対応**
> 目標：コミュニケーション能力の素地を養う。
> 内容：1(1)積極的に外国語を聞いたり話したりすること。2(2)外国語の音声やリズムなどに慣れ親しむとともに, 日本語との違いを知り, 言葉の面白さや豊かさに気付くこと。

◆ 留意点

・教師, ALTが子どもたちと一緒にアルファベットを楽しむ姿勢が大切である。
・子どもたちが試行錯誤のなかでアルファベットづくりをしている間, 教師もALTも「この形はおかしい」といった批判をしたりしない。できるだけ子どもの自由な発想を尊重し, アルファベットの形の面白さに気づかせたい。

第3章 学校におけるドラマ教育

🔸 活動の展開

	学習活動の内容	教師の助言・留意点
導入	1. "The Alphabet Song" を全員で歌う	・CD をかける。 ・教師も ALT も一緒に歌う。
展開	1.小グループに分かれる ・各グループは，教師から伝えられたアルファベットの形をグループのメンバー全員でからだ全体を使ってつくってみる。 2.学級全員の前で発表する ・各グループは，アルファベットの形を前に出て発表する。 ・ほかの子どもたちはそのグループの形を観て，どのアルファベットを表しているかわかったら声に出して言ってみる。 ・当たっていたら，そのアルファベットを ALT に発音してもらう。 3.各グループの文字を組み合わせて単語ができないか学級全員で考えてみる ・単語ができたら，ALT に発音してもらって全員で繰り返す。	・教師と ALT は各グループを回り，例えば "A" などアルファベットの一つを伝えていく。 ・子どもからもアルファベットのつくり方について質問があれば受けつける。 ・このとき単語ができるように，教師はあらかじめ考えて各グループに与えるアルファベットを決める。例えば C, A, N があれば，オバマ大統領のスピーチで有名になった "Yes, we can!" の "CAN" が成立する。単語を考えついたら子どもたちは自由に挙手して

展開	4.同じグループで2回目を行う 5.感想を分かち合う ・学級がいろいろなアルファベットに挑戦できたところで，どのアルファベットをつくるのが楽しかったか，どれがむずかしかったか，文字を組み合わせて単語をつくっての感想などを学級全体で分かち合う。	発表する。
まとめ	1."The Alphabet Song" を全員で歌う ・各グループがつくったアルファベットを表現しながら "The Alphabet Song" をみんなでゆっくり歌う ・少しテンポをあげてもう一度，アルファベットをからだで表現しながら歌う。	

▶ 活動の発展と応用

　グループで表されたアルファベットがわかった子どもは，そのアルファベットが頭文字にくる単語を考えて，それをジェスチャーで表してみる。学級でそのジェスチャーが表す英語の単語を当てる。単語のつづりまでわかる必要はない。この発展的な活動を通して，一つでも新しい外国語の言葉にゲーム感覚でふれることで，その言葉を使ってみようという姿勢が生まれ，それがより積極的にコミュニケーションを図ろうとする態度につながっていく。

（吉田真理子）

◇ イルカの調教ゲーム
相手によい時間を与えるコミュニケーションを学ぶ

「リン」というベルの音だけを手がかりに，イルカが調教師のしてほしいことを当てるゲームを通して，相手に変わってほしいときの伝え方を学び，相手の伝えたいことを読み取る力を養う。

教科 総合
対象 小学校高学年
単元 全1時間

▶ 活動のねらい

人と人とがかかわる中で，相手にこういうことをしてほしい，こういうふうになってほしいと伝えたくなる場面がある。では，相手に気持ちよく変わってもらうためには，どのような伝え方をすればよいのか？　このことについてイルカの調教ゲームを通して具体的に考える。

人とのかかわり方について，教師からただ観念的な話をしても，子ども自身の発見や学びにはなりにくく，行動にまでつながっていかない。また議論をしても抽象論になりがちである。実際にからだを動かして活動することによって，実際にやってみることのむずかしさやコツについて具体的にわかり，日常生活で活用することにもつながっていく。

ゲームを楽しむ中で，自分の思ったこと，感じたことを表現する力，相手が何を伝えようとしているのかを集中して観察し，読み取る力を養いたい。

さらに，からだを動かして参加型の活動を楽しむこと自体も重要である。このことはドラマ活動をしていくための準備となる。

▶ 評価について

活動をきちんとやっていたかということより，やってみてどのようなことを感じ，考えたのかという振り返りを大切にする。振り返りのときの発言や，コメントシートの中に子どもたちの学びの深さ，広さを読み解いていく。

3　小学校において

> **新学習指導要領とのおもな対応**
> 目標：問題の解決や探究活動に主体的、創造的、協同的に取り組む態度を育てる。

◆ テキスト・準備物

・コメントシート用のプリント

◆ 学習活動の流れ

　学習活動は次のようなイルカの調教ゲームを中心に進める。

　一人がイルカ役になり、一人が調教師役になる。調教師は頭の中でイルカにしてほしいことを決める（後ろを向く、右手をあげるなど、簡単なことがよい）。決めたらそれをイルカにしてもらうのだが、イルカと人間は言葉を使ってやりとりをすることができない。ではどうやって、してほしいことをわかってもらうのか？　イルカは調教師のしてほしいことを推測しながらいろいろと動く。調教師はイルカがそれに近いことをしたとき、口で「リン」と言う。調教師は「リン」以外は何も言わないし、からだや目の動き、表情で手がかりを与えることもしない。「リン」が鳴ったということは、してほしいことに近づいたということなので、イルカはそれを手がかりにさらに近づいていく。そして、当たったら「リンリンリン」とベルをたくさん鳴らしてあげる。

◆ 留意点

・授業前、教室の机を下げてスペースをつくる。あるいは学内のオープンスペース（体育館等）を活用する。
・グループ分けの際に仲のよいもの同士、男女で分かれるかもしれないが、無理にばらばらにしようとしない。ペアが3人組になってもかまわない。
・教師は見て回りながら、なかなか当たらないペアに「そろそろ答えを教えてあげようか」と言ったり、活動していないペアに声をかけたりする。
・感想を発表してもらう前に、思ったこと、感じたことに一つだけの正解はなく、みんな正しい答えだということを話しておく。

活動の展開

	学習活動の内容	教師の助言・留意点
導入	1.グループづくりゲーム	・教師が「スタート」と言ったら教室内を自由に歩き回る。しばらくして教師が数回手をたたく。子どもは教師が手をたたいた回数の人数で集まる。それを数度繰り返す。
展開	1.ペアづくり	・グループづくりゲームを行い，2回手をたたく。2人組をつくる。
	2.イルカの調教ゲームの説明	・イルカの調教ゲームについて説明する。
	3.デモンストレーション	・子どもを一人選んで，デモンストレーションをする。教師が調教師，子どもがイルカになる。
		・「当たったら今度はイルカと調教師を交代してください。1分ぐらいやって当たらなかったら，調教師は正解を教えてあげてください」
	4.イルカの調教ゲーム	・ペアごとにイルカと調教師を交代しながら3回ずつぐらい行う。
	5.振り返り	・それぞれのペアで，「このゲームをやって感じたこと，思ったこと」「このゲームのコツは何か」について2分ぐらい話し合ってもらう。
	6.共有	・いくつかのペアに，どんな話が出たのかを聞いてみる。
		・あるいはいっせいに黒板や模造紙に出てきた意見を書いてもらってもよい。

ま と め	1.ほんとうの調教の話	・「ほんとうのイルカや犬の調教はどうしているか知っていますか？ 2つの方法があります。してほしいことをしたときにほめるやり方と，してほしくないことをしたときにしかるやり方です。ほめるほうが，しかるよりも調教が早く進むそうです。人と人とがかかわるときにも，相手がしてほしいことをしてくれたときに『ありがとう』というベルを鳴らし合えると，よい関係をつくっていくことができそうですね」
	2.感想をまとめる	・机を戻して，各自，思ったこと，感じたことをコメントシートに書く。

活動の発展と応用

- イルカの調教ゲームを2人組ではなく，大人数で行う。5人前後のグループで，1人がイルカであとは調教師となり，イルカ役を交代していく。学級全員でもできる。何をしてもらうか調教師役たちが相談している間は，イルカ役の子どもに聞こえない場所に移動してもらって，決まったら迎えに行く。
- このような身体表現を伴う活動を積み重ねていくと，人前で表現したりすることに慣れ，自信がついてきて，その後のドラマ活動がスムーズになる。教師は，個々の子どもの活動の中でよかったと思うところを一つでも指摘し，たとえ子どもが失敗してもチャレンジした勇気のすばらしさをコメントして，子どもの身体表現に対する抵抗感を取っていきたい。まさに教師の「リン」を出す力が試される。 　　　　　　　　　　　　　　（高尾　隆）

参考・引用文献

- カレン・プライア（河嶋孝，杉山尚子訳）『うまくやるための強化の原理』二瓶社，1998.

◇ みんなで挑戦！ 8つのステージ
積極性と協調性の第一歩を踏み出す

学級で8つの拍手ゲームに取り組む。ゲームはステージが進むにつれて集中力と積極性が要求される構成になっている。すべてのステージをクリアして，学級全員で達成感を味わいたい。

教科	特別活動
対象	小学校低学年から
単元	全1時間

▶ 活動のねらい

この単元では，集団づくりのために拍手ゲームに取り組む。ゲームの中で具体的に要求されることは，ルールに合わせて拍手をすること，相手にわかるように拍手を送ること／受け取ること，複数の拍手の動きに目を配ることなどである。

この活動は集団の緊張感を和らげることに効果的で，グループ活動への導入などで実施される。個々人が集中し集団の一員として行動すること，他者と協調すること，そして集団で何かをなしとげる体験をすることがこの活動のねらいである。ここでは対象学年を「小学校低学年から」としたが，小学校から大学までの新学期や，一般成人のワークショップ，社内研修などに，幅広く用いることのできる活動である。

▶ 評価について

特別活動なので評価規準による評価は行わない。ただし，活動を経て子どもたちの言動や，学級全体の雰囲気，人間関係がどのように変化したかを注意深く見守りたい。

▶ テキスト・準備物

テキストは使用しない。準備するものは，活動後に感想を記入するワークシート。その他，タイマーとメトロノームがあると便利である。

> **新学習指導要領とのおもな対応**
>
> 目標：学級活動を通して，望ましい人間関係を形成する。
> 内容：仲良く助け合い学級生活を楽しくする態度を育成に資する活動を行う。

学習活動の流れ

活動の流れは以下のとおりである。すべて 10〜15 人のグループで実施する。（　）は，初めて取り組むときの目標設定。

①リズムに合わせて拍手をする（全員のリズムが合ってから 30 回）。
②3 の倍数と 3 のつく数のときだけ，拍手を空振りする（制限時間は 10 分。間違わずに 30 までカウントする）。
③グループで輪になり，時計回りに拍手を送る（4 周）。
④③の活動に反転を取り入れる（30 回）。
⑤④の活動で送る拍手を 2 つに増やす（1 か所に重ならないように 30 回）。
⑥拍手を 1 つに戻し，両隣以外の人に送る（消えないように 30 回）。
⑦⑥の活動で送る拍手を 2 つに増やす（消えないように 15 回）
⑧⑥の活動に戻り，3 の倍数と 3 のつく数のときだけは送る相手を指さす（間違わずに 30 まで）。

留意点

- 基本的には 1 つのステージを完全に達成してから次のステージに進む。
- 一番難易度が高い活動は⑦。次が②。グループの人数が多いほどむずかしくなる。達成が困難な場合は時間制限をして，次のステージに進む。
- その他の活動の難易度は①から順の番号順になっている。
- メトロノームがあるときには，リズムを指定する。リズムは 1 分間に 60〜100 程度。早いほど難易度が高くなる。
- タイマーがある場合は，「5 分以内で達成してみましょう」など，時間を制限すると取組みが活発になる。
- カウントはグループ全員で声を出して行う。
- それぞれの活動では，間違った個人が目立ってしまうこともあるが，励ましつつ達成するまで続ける。

活動の展開

	学習活動の内容	教師の助言・留意点
導入	1. 活動内容の説明を聞く	・「今日は拍手を使ったゲームを行います。このゲームには8つのステージがあります。すべてのステージがクリアできるように，がんばりましょう」
	2. 自分の席の場所で立ち上がり，グループをつくる	・「では，その場で立ってください。近くの人たちで10〜15人のグループをつくって，お互いの顔が見えるように輪になってください」
展開	1. リズムに合わせて拍手をする	・「リズムに合わせて拍手をしましょう」 ・メトロノームを使用するときは，1分間に60回程度のリズムで行う。 ・全員がそろってきたころを見はからって「あと30回，数えながら続けましょう。グループごとに数を数えてください」
	2. 3の倍数と3のつく数のときだけ，拍手を空振りする	・「今度はいまと同じように，拍手をしながら数を30まで数えます。ただし，3の倍数と3のつく数のときだけは，拍手を空振りします」 ・何度か試しにやってみる。 ・「では，本番です。せーの，1, 2, 3, …」 ・10分程度の時間制限を設ける。
	3. 拍手を送る。送る方向に体を向ける	・「今度は拍手を時計回りに送ります。送る方向に体を向けて送ってください。4周回せたらクリアです」 ・起点となる子どもを決め，スタート（指名しても立候補させてもよい）。

展開	4.反転を取り入れる	・「次は反転を取り入れます。途中で送る方向を変えてもよいです。30回までカウントできたらクリアです」
	5.送る拍手を2つに増やす	・「いまと同じルールで，今度は送る拍手を2つに増やします。2つの拍手が一人の人に重なってしまったら，アウトです。1から数え直してください。30まで数えられたら成功です」
	6.拍手を1つに戻し，両隣以外の人に送る	・以下，⑥，⑦の活動も同様に進める。
	7.送る拍手を2つに増やす	・⑦は10分程度の時間制限を設ける。
	8.3の倍数と3のつく数のときだけは相手を指さす	・拍手を1つに戻します。ただし，3の倍数と3のつく数のときだけ，相手を指さします。30回でクリアです」 ・「数はそれぞれのグループで数えてください。失敗したら1に戻ります」
まとめ	1.活動を振り返り，ワークシートに記入する	・振り返りシートを配布する。 ・「今日の授業を振り返ってみましょう。①どの活動が一番面白かったかと，②その理由を記入してください」

🔶 活動の発展と応用

・時間内にすべてのステージがクリアできないときは，朝の会や帰りの会などで時間や回数を決めて再度挑戦してみる（朝の会のほうが有効）。
・ひととおりクリアしたら，メトロノームを利用したり，目標設定を上げたりして再挑戦してみる。学級活動のウォーミングアップとしても実施できる。学期の初めに実施すると効果的である。　　　　　　　　　　（高山　昇）

第3章　学校におけるドラマ教育

◇ 図書委員が決まらない
学級のルールを自分たちで考える

「だれも立候補しない。だれも推薦されない」。……そんな状況でどうやって図書委員を決めていくのか。グループで解決策を考え，学級で実際に試してみる。果たして図書委員は決められるのか。

教科：国語
対象：中学校
単元：全2時間

▶ 活動のねらい

　この単元は学級での委員決めをテーマとする。委員が決まらない状況を設定し，グループでだれもが納得する公平なルールづくりに取り組む。話し合いの内容は，「委員会活動とは？」「公平なルールとは？」など，多岐にわたるであろう。本単元のねらいは，さまざまな意見を述べ合い，聞き合い，新しいルールを決める手順を体験すること，実際に自分たちで考えたそのルールを試行し，検証してみることである。話し合いの設定は次のとおりである。
　①K中学校の各委員の任期は半年。定員は学級で2名。
　②後期の委員決めで，仕事の多い図書委員にはだれも立候補しなかった。
　③いつものように推薦者をつのってみたが，だれも推薦されなかった。
　④そこで，だれもが納得する公平なルールを新たに考えることにした。

▶ 評価について　※（　）内はおもに関連する観点

　学習の評価は，話し合いへの取組みと振り返りシートを重視する。話し合う活動を通じて，自分の考えがどのように変化したかに注目したい。以下に評価規準例を示した。
・テーマに応じた状況と解決策をまとめることができたか。（知識・理解）
・話し合いや発表を積極的に行うことができたか。（関心・意欲・態度）
・他者の意見を聞く・自分の意見を述べる活動を通して，話し合いを的確に進行させることができたか。（技能・表現）

・活動を振り返り，意見や感想がまとめられたか。（思考・判断）

> **新学習指導要領とのおもな対応**
> 目標：伝え合う力を高める。
> 内容：各学年とも，A 話すこと・聞くこと (1)オ 話し合いに関する項目に対応する。

◆ テキスト・準備物

テキストは用いないが，教科書やほかの教科に関連する単元がある場合はその単元に関連させて計画する。
・ワークシート1：各グループで話し合った「新しいルール」と決め方の手順を記入するもの（1時間目に使用）。
・ワークシート2：個人で意見と感想を記入する振り返りシート（2時間目に使用）。ほかのグループが考えたルールの中で「納得したもの」と「納得しないもの」を記入する欄と，「その理由」を記入する欄を設けておく。

◆ 学習活動の流れ

　1時間目は設定の確認と，グループでの話し合い。グループで話し合った「新しいルール」をワークシートにまとめ，グループごとに発表を行う。
　2時間目は学級全員で，各グループの「新しいルール」を実際に試してみる。自分たちが考えた手順で，図書委員を決めてみる活動を行う。試行後には活動を振り返り，相互評価を実施する。

◆ 留意点

・グループは4～8人程度。グループごとの進度や雰囲気に偏りがある場合は，1時間目と2時間目のグループ構成を変えてみることも可能。
・1時間目の話し合いが大きなポイントとなる。話し合いが進まないグループには「まずは一人一人が意見を言ってみよう」と助言し，しばらくの間は様子を見守る。面倒くさがって早く結論を出したがるグループには「もっと，いろいろな方法があると思うけど……」や「この方法でみんなが納得するかな？」などと声をかけて，ていねいな話し合いを促す。

第3章　学校におけるドラマ教育

● 活動の展開（2時間目）

	学習活動の内容	教師の助言・留意点
導入	1. 本時の学習内容の説明を聞く 2. 新しいルールを試す順番を決める	・活動内容の説明をする。 ・「今日は前回グループで考えたルールを，実際に試してみます。開始時間は○時○分からです」 ・あまり時間のかからない方法を用いる。順番が決まったら板書する。 ・グループの代表者に前回のワークシートを渡す。（グループは前回と同じ。ただし、試すルールは別のグループが考えたものになるようにワークシートを渡す）
展開	1. グループに分かれて，役割を決めるなどの打ち合わせをする 2. 順番に試行を行う	・机やいすは動かさずに，グループで集まる場所を指定する。 ・打ち合わせの時間は10分程度。 ・「時間になりましたので試行を始めます。最初のグループは前に出てきてください。試行するグループ以外の人たちは，各自の席に戻ってください」 ・「これから，各グループのアイデアで仮想の委員決めを行ってみます。設定は前回と同じで，みなさんはK中学校の生徒です。座っている人たちは生徒役です。意見があるときは，ふだんどおりに手をあげてください。試行するグループの人たちは生徒役の意見を聞きながら進めてください。では，始

展開		めてください」 ・試行の時間は定めないが、おおよその様子が明らかになった時点で教師がストップをかける。生徒役から質問を受けつけたあと、次のグループに移る。
まとめ	1. 活動を振り返り、感じたこと、考えたことなどを振り返りシートに記入する	・全員に振り返りシートを配布する。 ・「各グループの試行を個人で振り返ってください。シートには、①どのグループの方法に対して、②どんな感じがしたか、③それはどうしてかを、簡潔に記入してください」
	2. 各グループの試行を相互評価する	・「〇〇さん。一番納得したルールはどのグループでしたか。その理由も述べてください」 ・「〇〇くん。一番納得できなかったルールはどのグループでしたか。その理由も述べてください」 ・それぞれ任意に指名して意見を聞く。 ・振り返りシートを回収して、授業を終了する。

活動の発展と応用

・例えば「全員が同じ委員に立候補した」「さまざまな理由で、立候補者が定員に絞れない」など、違う設定でも考えてみたい。
・活動の結果を踏まえ、各種係決めや席がえの方法など、ほかのルールについても考えてみたい。
・可能であれば、授業で提案されたアイデアで実際の委員決めを行ってみて、その結果について話し合いをもちたい。

(高山　昇)

◇ ペリーの来航と開国
日本の近代化への歩み

ペリーが来航したときに，当時の人々が何を感じ，行動したのかを自分たちなりにイメージするために，当時の様子が描かれている絵を静止画の手法で表現する活動を行う。

教科 社会
対象 中学校2年生
単元 全6時間

◆ 活動のねらい

　ペリーの浦賀沖への来航は，閉鎖的ながらも平和だった日本の鎖国政策を転換させ，開国から近代化へと進むきっかけをつくった重要な出来事である。ペリーの来航の目的とその後の日本に与えた影響について，その当時のアジアでの欧米諸国の動きを踏まえたうえで，当時の様子が描かれている絵を静止画の手法を用いて再現することで考えさせたい。自分たちのからだを使って静止画をつくることを通して，当時の各階級の人間たちがそれぞれどう感じ，どう行動したのかをイメージさせ，体感的な理解につなげたい。

◆ 評価について　　　　　※（　）内はおもに関連する観点

- ペリーの来航と日本の開国に至る経緯やその影響に対して関心を高め，意欲的に追求しようとしている。（関心・意欲・態度）
- ペリーの来航と日本の開国に至る経緯やその影響を当時の国際情勢の中で多面的・多角的に考察できている。（思考・判断）
- 当時の様子が描かれている絵を活用して，ペリーの来航に対する人々の思いや反応を読み取り，表現することができる。（技能・表現）
- 日米和親条約や日米修好通商条約の内容，開国後の影響について，当時の世界情勢を踏まえてとらえ，知識として身につけることができる。（知識・理解）

4　中学校において

> **新学習指導要領とのおもな対応**
>
> 目標：歴史的分野(1)歴史的事象に対する関心を高める。
> 内容：(5)近代の日本と世界　イ　開国とその影響

▶ テキスト・準備物

・当時の様子が描かれている絵
①ペリーの肖像画[1]
②黒船と武士の絵[2]
③黒船を見る庶民の絵[3]

▶ 学習活動の流れ

1時	ヨーロッパの近代化	4時	ペリーの来航と開国（本時）
2時	産業革命	5時	不平等条約
3時	アジアへの侵略	6時	江戸幕府の滅亡

▶ 留意点

・静止画は，ある場面に登場する人物や動物等についてからだを静止させることで表現する手法である。初心者でも抵抗なくできる活動である。

・静止画づくりでは，絵の解釈が歴史的な事実とずれる場合もある。そのような場合は「君たちはそういう解釈をしたのですね」と受けとめ，意欲や関心をそがないようにしたい。最後のまとめのところで，歴史的な事実を整理し押さえさせるようにする。

・静止画の指導の際には，表情，視線，姿勢，からだの形，人物同士の距離感などを意識させるとよい。

・絵は拡大コピーをし，後ろからでも見えやすいようにする。また，背面にマグネットを装着し黒板に貼りつけられるようにしておくのもよい。

1　静岡県玉泉寺ハリス記念館 所蔵
2　米船渡来旧諸藩士固之図，神奈川県立歴史博物館 所蔵
3　横浜開港資料館 所蔵

第3章　学校におけるドラマ教育

🧭 活動の展開

	学習活動の内容	教師の助言・留意点
導入	1. 前時の復習 2. 関連テーマについての既知の知識を整理する ・黒船，鎖国，開国，貿易，市場，支配等のキーワードを答えることが予想される。	・アヘン戦争，南京条約の締結等を思い出させる。 ・「これはだれでしょう。何をした人でしょうか」と絵①を提示する。 ・「小学校で習ったと思いますが，まとめましょう」と下記等を板書。子どもに答えさせてもよい。 ・板書：1853年　ペリー　浦賀　軍艦4隻 ・「ペリーは何のために日本に来たか知っていますか」「中国貿易と捕鯨をするための補給地がほしいというのが理由でした」 ・「幕府はそれに対してどう答えたでしょうか。鎖国をしていたから……当然，NOですよね」
展開	1. 絵②と絵③を見て，感じたことを話す 黒船：強そう 武士：あたふた 庶民：どこ吹く風 ペリーは何をしに来たのか 〜アメリカはなぜ開国をせまったのだろうか〜 2. グループでその絵を静止画の	・「では，これを見てください。これはペリーが浦賀沖に来たときの様子の絵です」と説明する。 ・両者の船の大きさの比較，幕府側の武士のあわてている様子等を示唆する。 ・「もう一枚あります。庶民の様子です。どんな様子に見えますか」 ・「補給地がほしいというペリーでした

展開	手法で表現する ≪考えること≫ ・ペリーたちの様子 ・武士があわてている理由 ・庶民が気楽な理由 3.グループごとに発表する	が，理由はそれだけではありませんでした。そのほんとうのねらいは何だったのでしょうか。グループで静止画をつくることを通して考えてみましょう」 ・「②と③の絵を参考に，ペリーと黒船の乗組員，武士，庶民の3つの立場が登場する静止画をつくってください」 ・「役割分担をしましょう」 ・「定位置につき，私がフリーズと言ったら，動かないでください。そして，その役の立場でいま思っている気持ちをひと言ずつ言ってください。私が肩をたたきますので，それが合図です」 ・「いろいろな思いが出てきましたね」
まとめ	1.ペリーの来航の理由を発表する 2.成果をまとめる 3.次週のテーマを知る	・「ではグループごとに発表してください」と促し，それぞれの意見を適宜，板書する。 ・「最後に今日のポイントを整理しましょう」 ・ペリーは日本をアメリカの市場として組み込みたかった。幕府は自分たちの支配システムが崩壊するのを恐れていた。庶民は自分たちを支配している武士があわてている様子を見て気楽に楽しんでいた……等。（板書） ・ペリーの再航，日米和親条約。

活動の発展と応用

・グループごとではなく，皆で一枚の大きな静止画をつくることもできる。
・ドラマ活動のあと，絵を縮小して印刷し，人物に漫画的な吹き出しをつけ，それぞれが何を言っていたか，思っていたかを書かせる。 　　　　（山本直樹）

葉っぱのフレディ
"Life" とは？

『葉っぱのフレディ』はレオ・バスカーリアによって書かれた，写真とストーリーで構成されている作品である。本作品を読み，"Life"について考える。

活動のねらい

『葉っぱのフレディ』はレオ・バスカーリアによって書かれた，写真とストーリーで構成されている作品である。ある大きな一本の木の枝に春に芽吹き，冬には雪におおわれた地面に舞い落ちるフレディという葉っぱの一生が語られている。日本でも親しまれている本作品はミュージカルにも脚色されている。*New Horizon* English Course 3 "Let's Read"（東京書籍）というセクションでは，読解のための教材として簡約した形で紹介されている。

本活動のねらいは，教材のもととなっている原作の英語にふれること，そしてこの作品のキーワードの一つが "life" であることから学習者たちの "life" に思い至らせること，そして登場するフレディの友達ダニエルが語る "Life" の頭文字が大文字であることに気づかせ，その意味について，グループワークを通して考えてみることにある。

評価について

作品を英語で読み，英語で簡単なスピーチを行い，ドラマ活動の体験をもとに英語でエッセイを書くことで，英語で読んだ物語について，どれだけ自分にひきつけて考え，自分の言葉として英語で表現できるようになったかをみる。

教科：英語
対象：中学校3年生
単元：全3時間

4　中学校において

> **新学習指導要領とのおもな対応**
>
> 目標：聞くこと，話すこと，読むこと，書くことなどのコミュニケーション能力の基礎を養う。
>
> 内容：(1)言語活動　イ　話すこと　(オ)与えられたテーマについて簡単なスピーチをすること。

◆ テキスト・準備物

The Fall of Freddie the Leaf[1].

◆ 学習活動の流れ

この単元に入る前の時間までに，学習者たちはすでに教科書のほうを読んで，どういうストーリーでおもな登場人物はだれかを理解しているものとする。

	授業の内容	時間
第1次	・原作を教師が読み聞かせをする。その際，原作に出てくる写真を見せながら行う。 ・英語によるＱ＆Ａを行い，学習者たちが内容を理解できたか確認をする。	1時間
第2次	・教師が前回原作から使用した写真を学級全体に見せながら，どういう物語だったかを全体で確認する。 ・"Freddie was surrounded by hundreds of other leaves just like himself, or so it seemed. Soon he discovered that no two leaves were alike, even though they were on the same tree." という原作の箇所に注目させる。 ・各自で静止画をつくる：各自，自分の個性，特徴を考えてみる。それを自分のからだで表現したポーズをつくってみる。 ・グループで木になる：学級を２つのグループに分ける。それぞれのグループ内で一本の木をつくってもらうが，つくり方はさきほど各自で考えた静止画をグループ全員で組み合わせて一本の木の形にする。 ・２つのグループで見せ合い，完成までのプロセスや完成したものについて話し合う。	1時間
第3次	・各自にとっての"life"：身の回りでの"life"を探す。 ・時間があれば，"Life"と頭文字を大文字にしているところに，「つながっていくいのち」という作者の死生観が表れていることにふれる。	1時間 (本時)

1　Leo Buscaglia *The fall of Freddie the leaf : a story of life for all ages* C.B. Slack, 1982.

🔸 活動の展開

	学習活動の内容	教師の助言・留意点
導入	1.前回の活動を振り返らせる	・物語理解の確認とともに，静止画やグループワークといった前回の活動を思い出させ，今回の活動への導入とする。
展開	1.グループワーク（5人1組） ①グループ内で，それぞれが身の回りのことで自分が"life"だと思うことをもち寄り，分かち合う。 ②グループでの"life"像を静止画にする。 ③グループの静止画が何を表すかを紹介する，2分のスピーチをグループ内でつくる。 2.グループワークの発表 ・学級全員の前で静止画を紹介し，スピーチを発表する。 3.ダニエルの言葉から考える ・原作にあるダニエルの言葉"Life lasts forever and we are all a part of Life."を提示し，各グループの発表とどのようにつながっていると思うか，学級全体で話し合う。	・"life"は，一人一人の身近な生活や日ごろ考えていることとつながっていることが重要。 ・各グループの発表後，発表を見て（聞いて）いたほかのグループに，感想を言うように声をかける。
まとめ	1.振り返りとまとめ ・各自，フレディの原作を読む。	・エッセイは，自分の言葉で書かれているかをポイントとして見る。

ま と め	・この3時間の活動を振り返り，フレディの物語を通して自分が考えたことを英語のエッセイにして提出する。

◆ 留意点

教師は，ドラマ活動を通して，子ども一人ひとりが，『葉っぱのフレディ』を自分の日常にひきつけて考えられるように配慮する。

◆ 活動の発展と応用

本活動では，"Life"について考えることが最終的なゴールである。第3次からどう展開させるかよりも，準備段階を大切にする。例えば，第2次を2時間構成にして，まず教師の読み聞かせで印象に残ったところを静止画にするなどの活動を行う。次に子どもたち一人ひとりのからだを組み合わせて一本の木を表現する活動をすることで，そのあとの大きないのちのつながり（"Life"）へと結びつける。また，本作品にはさまざまなテーマがあり，ダニエルが"a good reason for living"についても語っているので，生きていることには必ず理由があるということを考えさせることも大切な展開であろう。

(吉田真理子)

◇ 通知表
親になってみる体験を通して，自立する準備を始める

子どもが親に通知表を渡す場面を演じ，その様子をアナウンサーがニュースとして伝える。この活動を通じて，親の子どもに対する気持ちや，子どもたちの本心を客観的にクローズアップしていく。

教科	道徳
対象	中学校
単元	全2時間

▶ 活動のねらい

　本単元では，通知表を親に手渡す場面をテーマにドラマ活動を行う。通知表を持ち帰ったとき，親子の間でどのようなやりとりがなされるのだろうか。だれもが経験しているこのやりとりを演じることによって，親と子のお互いの気持ちを理解するとともに，親子関係そのものに対しても考えを深めていきたい。なにげない日常の光景から，深い意味を見いだす。これこそがドラマ活動の本質である。

　本単元の特徴は，親子の会話にアナウンサーという第三者を存在させることにある。このアナウンサーという存在は親と子，それぞれが何を語っているかを冷静かつ客観的に考察するためのしかけである。ドラマ活動で身近な場面や出来事をテーマにする利点は取組みやすさにあるが，ときとして実生活の自分自身と演じる役割が混同してしまうことがある。アナウンサー役はこれを防ぐためのセイフティーネットでもある。

▶ 評価について

　「道徳」は教科ではないので評価は行わないが，以下の観点について留意したい。また，本単元の学習活動によってどのような発見があったのかを，具体的にまとめさせたい。
・親の気持ちを理解することによって，親や家族を敬愛する態度を養う。
・ドラマ活動を通じてあるべき親子関係について熟考し，大人として自立す

る準備を始める。

> **新学習指導要領とのおもな対応**
> 目標：道徳的な心情
> 内容：1. 主として自分自身に関すること 2. 主として他人とのかかわりに関すること。

◆ テキスト・準備物

　特に使用するものはないが，各学校で配布している道徳資料集や，『心のノート』などから，関連する資料や教材を用いたい。
・ワークシート：授業の感想を記入する振り返りシート（2時間目に使用）
・通知表と同じ大きさの白い紙

◆ 学習活動の流れ

　1時間目の冒頭は，活動内容についての説明。その後，学級を4つのグループに分ける。それぞれのグループの中で，親役と子ども役を決め，決まったグループから通知表を渡す場面の即興を始める。すべての子どもたちが即興を体験してみることが，この時間のねらいである。

　2時間目は親子の即興のあとにアナウンサーを登場させ，即興の中の出来事を臨時ニュースとして伝える。まずは教師がアナウンサー役となり，全体の前でデモンストレーションを実施。その後，1時間目と同じグループに分かれて役割・順番を決め，親と子，アナウンサーの即興を行う。授業の後半に各自で活動の振り返りを行い，学級全体でも共有する。

◆ 留意点

・即興はペアで実施する。1時間目は2分程度。2時間目は5分程度。
・教室の四隅にスペースを設け，机といす2組を向かい合わせて即興を行う場所を設ける。
・緊張や照れ隠しでギャグに走ってしまったペアには，親，子，アナウンサーの立場を維持することを促し，「今度は真面目なパターンで」と，再演を促す。
・感想を記入し，発表する時間を十分に確保する。

🚩 活動の展開（2時間目）

	学習活動の内容	教師の助言・留意点
導入	1.学習内容の説明を聞く	・本時の活動内容を口頭で確認し，役割と方法を板書する。 ・「前回と同じように，通知表をめぐる親子の会話を演じてみます。ただし，今回はアナウンサーを登場させます。アナウンサー役の人は，親子の会話が終わったあとに，その内容を臨時ニュースとして伝えてください。また，ニュースの中で，親役か子ども役のどちらかに『どうしてそんなに怒っているのですか？』など，インタビューをしてみてください」
	2.デモンストレーションの実施	・「1回やってみます。先生がアナウンサー役をしますので，○○くん，△△さん，手伝ってもらえますか？」 ・「いまのように，アナウンサーは親子の前に出てきてニュースを伝えてください。親役と子ども役は，演じた場所から動かずにいてください」
展開	1.グループに分かれ，役割と演技する順番を決める	・前回と同じ形に座席を移動し，発表場所をつくる。その間に，通知表に見立てる紙を各グループへ配布する。 ・「では，役割と順番が決まったグループから，1組ずつ演じてみてください」
	2.親と子とアナウンサーの即興を演じる	・1時間目に比べると複雑な設定なので，最初はアドバイスをして回る。

展開	3.全体からリクエストをつのり，2～3組に再演してもらう	・会話とニュースが，ひとつながりで演じられているかを確認して回る。 ・グループの順番がひと回りし，時間があったら2～3組をつのり，全体の前で演じてもらう。 ・時間に余裕がなければ，まとめに進む。
まとめ	1.各自の座席で授業の感想をまとめる 2.シートに記入した感想を発表する	・振り返りシートを配布する。 ・「シートに，①演じてみて感じたことと，②観ていて感じたことを別々にまとめてください」 ・書き終えたころを見はからって，「感想をクラスで共有していきます。まずは①を発表してください（数人を指名して発表させる）。次に②を発表してください（同様に発表させる）」

活動の発展と応用

・ドラマ活動に慣れている学級であれば，1時間で展開することも可能。
・1時間目に時間の余裕があれば，数組のペアをつのり，学級全体で互いのグループの演技を見合ってもよい。
・アナウンサー役を，もう1人の親や祖父母，教師，子どもの友達などに設定すると，即興にその人物の考えや思いが反映される（兄弟，姉妹に設定する場合は，年齢や成績などのキャラクターを事前に設定する必要がある）。
・その他，場面の展開としては，子どもが部屋から出ていったあとの母親と父親，母親と祖母の会話などを行わせてもよい。翌日，学校で親と教師，公園で子どもと友達との会話なども考えられる。さらに時間を経過させて，卒業式の夜や結婚式の朝など，通知票をもらった日以降の設定で即興を行うと，親子関係に関するストーリーがつくられていく。　　　　　（高山　昇）

第3章　学校におけるドラマ教育

◇ 高齢化社会に生きる私たち
家族の一員として高齢者福祉を考える

高齢化社会の中で生きる自分や家族を客観的に，そして主観的に考え，そのストーリーの台本をつくる。そしてそれをみんなの前で発表する。そのとき，どのような感情，学びが生まれるだろうか。

教科　総合
対象　中学校3年生
単元　全2時間

★ 活動のねらい

中学校3年生は社会科の公民の中で高齢化社会について学ぶ。本単元ではこれを自分のこととしてとらえ，仮の家族をつくり，家族の一員として自分にできることを考える活動を行う。これを通して，家族として主体的にかかわり合いながら，他者や社会とのかかわりに関する新たな発見，視点を生むことをねらいとする。

本単元の特徴は，台本をつくる点にある。これは家族のせりふを考えたうえで，それぞれが何を語っているかを，客観的に考察するためである。また，ドラマ活動で身近な出来事をテーマにする場合，自分自身と演じる役割を混同してしまうことがある。そこで，自分（中学校3年生）の役は，必ずほかのグループの人に頼み，台本を発表直前に渡すことで，役割との混同を避ける。また，今回の重要な点はどちらが「正しい」かを決めるわけではないことである。ほかの人がどのような意見をもっているかを，ドラマ活動を通して学び，そして自分の意見を台本，身体を通して自覚するのである。

★ 評価について　　　　　　　　　　　※（　）内はおもに関連する観点

学習の評価は，演技のうまい下手ではなく，活動への取組みを重視する。
・家族の一員として，高齢者のためにできることを進んで考えようとする。（関心・意欲・態度）
・具体的な事例を場面として演じることができたか。（技能・表現）

・ドラマ活動を振り返り，感想がまとめられたか。（思考・判断）

> **新学習指導要領とのおもな対応**
>
> 目標：学び方やものの考え方を身に付け，問題の解決や探究活動に主体的，創造的，協同的に取り組む態度を育て，自己の生き方を考えることができるようにする。

◆ テキスト・準備物

・以下の内容のプリントを配る。

> いままで別居していた祖母が，病気になり，一人で生活することが不可能になりました。中学校3年生のあなたは，祖母が家族と同居するとよいと思いますか，それとも，福祉施設（グループホーム）で生活するとよいと思いますか。
> （祖母は父方であり，家は一軒家，お金は十分にあるとします）

・台本用のプリント，各班用の感想プリント，個人の感想プリント

◆ 学習活動の流れ

1時間目	プリントの内容について説明する。同居か施設かを自分で選ぶ。同じ意見の子ども同士でグループになり，仮の家族をつくる（祖母，父，母，中学3年生の「自分」役のほか，兄弟姉妹など，計4～6人）。祖母が病気になった場面，みんなで話し合う場面，祖母に伝える場面の台本をつくる。
2時間目	別の意見のグループのメンバー一人を「自分」役に選ぶ。グループごとに台本をもとに演じる。演じ合った感想を話し合う。

◆ 留意点

・場所は通常の教室。はじめは机を後ろに下げ，グループ活動のときは机を出す。発表のときは座席を客席のように並べ，演じる人が見える位置に簡易的な発表スペースをつくる。
・「自分」役をどのグループから選ぶかは，同じ子どもが主役をやることを避けるため，くじびき，ゲームなどで決める。

🔺 活動の展開

	学習活動の内容	教師の助言・留意点
導入	1.プリントを配り，同居か施設かを選ばせる	・机を下げ，グループ分けのためのスペースをつくる。 ・プリントを配り，3分間で，「同居」の意見の人は右，「施設」の人は左に移動させる。 「いまから，3分間でプリントを読んで，同居がよいと思う人は右側，施設がいいと思う人は左側に移動してください」 注）ここであまり時間をとられすぎないこと。人数がどちらかに偏っても，それはそれでよしとする。
	2.同じ意見の人同士で円になり，4～6人のグループをつくる	・同じ意見の人同士で円になり，1, 2, 3, 4, 1, 2, 3, 4, …と言いながら，同じ番号同士でグループになり，机といすを出して座らせる。 注）いつも一緒にいる子ども同士で固まらないようにするため。
展開	1.グループに分かれて台本をつくる ※台本用のプリント詳細 | 場面 | 登場人物 | せりふ | |---|---|---| | 1場面目 | 祖母 | 1～2 | | 2場面目 | 父，母，自分，兄弟姉妹 | 5～6（1人ひと言必ず発言する） | | 3場面目 | 全員 | 3～4 |	・台本用のプリントを配り，3～5分の劇をつくることを指示する（作成のための時間は20分程度）。 ・「これから，3つの場面の台本をつくってもらおうと思います。プリントを配るので，せりふの数を確認して，台本をつくってください。一人の意見ではなく，グループの意見で決めてくださいね」

展開	2. 反対意見のグループから「自分」役を選び，台本を渡す	注）子どもたちの様子に気を配り「あと10分だよ」などと時間内につくるように声をかける。（1時間目終わり） ・どこのグループから選ぶかは，偏りをなくすため，くじびきやゲームで決める。 ・5分経ったら教師が合図をすることを伝える。合図があったらなるべく短い時間で終わるように指示する。
	3. 台本を持ちながら各グループ3～5分で即興劇を発表する	「いまからみんながつくった台本を演じてもらおうと思います。ここで大切なのは，発表の出来は，観客によって決まるということです。観客がすばらしいと発表もよくなります」
まとめ	1. グループごとに授業の感想をまとめる	・グループごとの感想プリントを配布。個人用の感想プリントも渡し，宿題にする。 注）感想の時間を長くしすぎると，演技の批判などが生まれてしまうかもしれないため，短めにする。

▶ 活動の発展と応用

- マンション住まい，金銭的に裕福でないなど，違うパターンを演じたり交代で祖母役をやる，反対の意見のグループの台本を演じたりしてもよい。
- 台本をつくるのではなく，静止画をつくる。
- 目が不自由なことや，身体が不自由なことの大変さを理解するために，ブラインドウォークを取り入れる。
- 他教科との関連では，道徳であれば，実際にグループホームに行ってボランティア体験をしてみるのもよい。また，そこで施設の方や高齢者の方に話を聞いてもよいだろう。公民であれば，事前に高齢化社会についてまとめておくと，この活動につなげることができ，有効である。　　（仙石桂子）

第3章　学校におけるドラマ教育

◆ 羅 生 門
老婆のレトリックを読みとく

ドラマ活動を通して，老婆と下人がおかれた状況や心情にふれ，作品をより深く理解する。

教科	合国語総
対象	高校1年生
単元	全2時間

▶ 活動のねらい

　芥川龍之介の代表作『羅生門』は，優れた短編小説として親しまれている。本単元では，作品後半部の老婆の言い訳に注目する。生きのびるために死人の髪の毛を抜く老婆。同じく生きるために盗人となる決断を迷っている下人。この2人が抱えていた問題を自己の問題としてとらえ，作品本来の魅力を理解するためにドラマ活動を設定した。
　「目的さえ正しければ，どんな手段も許される」という，老婆が用いた目的主義のレトリック（語句の組み立て，使い方）は，私たちの日常生活にも多く存在している。そこで，このレトリックを日常生活の中から探し出し，場面として演じ合う活動によって登場人物の心理変化を感じとりたい。また，日常生活に存在しているさまざまなレトリックについても理解を深めていきたい。

▶ 評価について　　　　　　　　　　※（　）内はおもに関連する観点

　評価は，演技のうまい下手ではなく，活動への取組みを重視する。
・老婆の用いたレトリックを読みとくことができたか。（知識・理解）
・目的主義のレトリックをもとに日常生活における事例を探すことができたか。（関心・意欲・態度）
・事例を場面として構築し，演じることができたか。（技能・表現）
・ドラマ活動を通して，登場人物や作品に対して自分なりの意見をまとめることができたか。（思考・判断）

◆ テキスト・準備物

・テキスト『羅生門』芥川龍之介
・ワークシート1：各グループで具体例を記入するもの（1時間目に使用）
・ワークシート2：個人で学習のまとめを記入するもの（2時間目に使用）

> **新学習指導要領とのおもな対応**
> 目標：伝え合う力を高めるとともに，思考力や想像力を伸ばし，心情を豊かにする。
> 内容：A　話すこと・聞くこと
> (1) ア〜エに関連。論理の構成，表現の仕方の工夫，ものの見方，感じ方，考え方を豊かにする。

◆ 学習活動の流れ

　『羅生門』を通読していること，もしくは『羅生門』の単元を既習していることを前提に，全2時間のドラマ活動を計画した。

　1時間目は作品後半部，特に老婆の言い訳の部分を再読し，目的主義のレトリックについて解説する。その後グループになり，このレトリックが用いられている事例を日常生活の中から探す。最後に事例をグループごとに発表し，全体で共有する。

　2時間目は，ほかのグループが探し出した事例を場面として演じ合っていく。グループで話し合い，ストーリーを構築し，役割を決める。脚本のようなものは作成せずに，リハーサルをていねいに行う。演じ合ったあとは，個人で感想をまとめるだけではなく，グループや学級で共有の機会をもつ。

◆ 留意点

・各グループ4〜8人程度。グループの数は偶数のほうが発表の際に便利。
・場所は通常教室。発表のときだけ座席を移動し，教室の前後や四隅に簡易なスペースを設ける（特別に舞台のような空間を確保する必要はない）。
・事例の交換はランダムに行う。
・全体に対して1グループずつ順番に発表するのが，オーソドックスな方法であるが，教室内に発表場所を複数設けて複数グループを同時に発表させる方法もある。子どもたちの緊張をやわらげ，時間の節約にもなる。

🔹 活動の展開（2時間目）

	学習活動の内容	教師の助言・留意点
導入	1. 本時の活動内容の説明を聞き，全体の流れを把握する	・出席の確認後，活動の内容とタイムスケジュールを板書する。 《板書例》 目的主義の場面を演じる 　①話し合い　〜○時○分まで 　　（ストーリーと役割） 　②リハーサル　〜○時○分まで 　③発　表　〜○時○分から 　④まとめ　〜○時○分から ・「今日は，目的主義の事例を場面化し，実際に演じてみます。ほかのグループが探した事例をもとに，ストーリーをつくってください。だいたいの流れが決まったら，リハーサルで実際に動きながら場面を構築してください」
	2. グループの座席に移動する	・「では，前回と同じようにグループの座席に机を移動してください」
展開	1. グループごとに話し合いを行う	・ほかのグループが探した事例（1時間目のワークシート）を，各グループに配布する。 ・各グループを回り，ストーリーから決めていくように助言する。その際，教室で演じられる場面を設定するように促す。 ・終了予定時間の5分前を知らせる。
	2. グループごとにリハーサルを行う	・グループ内で役割を決め，簡単なリハーサルを行う。

展開	3.グループで場面を演じ合う	・話し合いが続いていても，リハーサルを促す。場所はグループの場所。セットは机といす程度のもの。小道具も極力用いない。 ・リハーサルの間に，発表のスペースを設ける（2か所の場合は教室の前後。4か所の場合は四隅）。 ・終了予定時間の5分前を知らせる。 ・最初のグループをスタンバイさせ，発表開始の合図をする。複数グループの場合は同時に開始する。 ・順次，発表を進める。
まとめ	1.グループの座席に戻り，ワークシートに学習のまとめを記入する 2.記入した感想をグループの中で発表する 3.座席を元の状態に戻す	・ワークシートを配布する。 ・学習のまとめは個人別に行う。「何を演じて（観て）」と「何を感じたか」の2点について意見を書く。 ・教師も任意のグループに入り，感想を聞く。 ・ワークシートを回収する。

▶ 活動の発展と応用

- 2時間目に演じた場面をさらに展開させて（場面の前後を考えて）演じていくと，目的主義の本質がより明確になってくる。
- 老婆の言い訳には目的主義のほか，報復主義や論理のすりかえなどのレトリックが含まれている。これらのレトリックをもとにした同様のドラマ活動も行ってみたい。
- 『羅生門』とは関係なく，レトリックだけをテーマとして，さまざまなストーリーを構築し，演じ合うドラマ活動も行える。学年を問わず，国語表現や表現分野の授業として応用できる。

（高山　昇）

◇ 信頼について考えよう
他者とのかかわりのなかで

目をつぶった状態でガイドに導かれて歩く体験と，目をつぶった状態の人をガイドする体験を通して，信頼について考える機会をつくる。

教科	倫理
対象	高校2年生
単元	全6時間

▶ 活動のねらい

　他者を信頼したり，自らの責任を果たしたりすることは，他者とともに社会を形成するわれわれにとって，コミュニケーションする基盤となるものであり，自己を形成するうえでも重要なものである。特に義務教育を修了し，社会の一員としての自覚が求められる子どもたちにとっては重要な学習テーマの一つであろう。

　信頼などの観念的な学習テーマは，机上での学びを踏まえて，自分自身の心とからだで感じることでより深い理解へとつなげることができる。本単元では，目をつぶった状態でガイドに導かれて歩く体験（ブラインドウォーク）を通して，信頼について考える機会をつくる。

　目をつぶって歩くことはだれしも怖いことであろうが，その中で足を一歩でも踏み出そうとする気持ちになるのは，自身の勇気とガイドに対する信頼感からであろう。また，目をつぶった状態の人をガイドする体験を通して，相手に対する責任の重さを感じる機会をつくる。

▶ 評価について　　　※（　）内はおもに関連する観点

- 自分から積極的に活動へ参加し，ペアで協力して活動する態度がみられたか。（関心・意欲・態度）
- 信頼や責任について，自分なりの意見や考えをもてたか。（思考・判断）
- 自分なりの言葉で皆に感想や意見を伝えることができたか。（技能・表現）

・活動の目的や意図を理解できたか。
（知識・理解）

> **新学習指導要領とのおもな対応**
>
> 目標：人格の形成に努める実践的意欲を高め，他者と共に生きる主体としての自己の確立を促す。
>
> 内容：(1)現代に生きる自己の課題 豊かな自己形成に向けて，他者と共に生きる自己の生き方について考えさせる。

◆ テキスト・準備物

・ワークシート：体験を通して感じた感想や，気づいたこと，発見したこと，そして信頼について自分なりの意見を書かせる内容のものを作成しておく。

◆ 学習活動の流れ

1時	人間とは何か	4時	欲求と適応
2時	青年期の特徴	5時	他者と共に生きる社会
3時	アイデンティティの確立	6時	他者とのかかわりの中で（**本時**）

◆ 留意点

・子どもがペアで何かをするなどの体験的な活動に慣れていない場合には，グルーピングや活動に対する意欲・関心を高めるためのゲーム等を，導入時に設定する必要がある。開放的な気分になるおにごっこ的な遊びや，目をつぶって落ち着いた状態で，どんな音が聞こえるか耳をすます活動等があげられる。また，活動自体に対して拒絶反応を示す子どもには無理に参加させず，活動中に声を出さないことを条件に見学させてもよい。倫理の学習は，自分自身の心とからだで感じる学びが特に大切であることを伝えたい。

・アイマスクをつけたいところだが，強要すると，それを好まない子どもの意欲を低下させる可能性がある。薄目を開けると活動の意味がなくなるということを伝えたうえで，各自で目をつぶらせるようにする。

🔸 活動の展開

	学習活動の内容	教師の助言・留意点
導入	1.前回の復習と本時の学習テーマの説明を聞く ・直接的：会話等 ・間接的：メール等 ・机といすを寄せてスペースをつくり，二人組になる。	・「前回は，社会への参画を通して自己発見や自己発揮をすること，他者との円滑なコミュニケーションの必要性を考えましたね」と確認する。 ・2種類のコミュニケーションについて押さえ，その詳細を質問する。今回は合図だけの直接的なコミュニケーション体験をすることを伝える。
展開	1.「ブラインドウォーク」の説明を聞く ・「手を引っ張る」「背中を押す」「腕を組む」「声で誘導」等の意見が出る。 ・歩く，止まる，方向転換の合図を決める。順番も決める。 2.活動と振り返り ・教室の中を自由に歩く。適宜交代する。	・ブラインドウォークの趣旨説明と倫理における体験的な学びの重要性について伝える。子どもが体験的な活動に慣れていない場合は，ゲーム的なものを導入として行う（例はP.203参照）。 ・「目をつぶった状態の人をガイドして歩くとしたらどう誘導しますか」と聞く。 ・「今回はしゃべらないことにこだわってみましょう。触れてよいのはお互いの指一本だけです。ガイドの指の合図で動きます」と説明する。 ・ガイドに対しては，相手に注意を払いながら，周りもよく見るように注意を促す。 ・目をつぶらないと，ただ歩くだけになるので意味がないことも伝える。 ・全体に感想を聞く。 ・「皆さんは目をつぶった状態で歩けますか？　今回はなぜ歩けたのです

展開	・「怖い」 ・「歩けるけどむずかしい」 ・「ガイド役がいた」	か？」 ・「目をつぶった状態は怖いですが、ガイドがいたから歩けたのですよね」 ・「では質問を変えます。なぜ勇気を振りしぼって歩こうと思ったのですか？ガイドを信頼したからではないのですか」とテーマを整理する。
	3.再び活動する ・教室の中を自由に歩く。適宜交代する。	・もう一度体験することを伝え、ガイドに、どうすれば相手の不安が和らぐかを考えさせる。
まとめ	1.活動の振り返りと全体のまとめ ・車座など、お互いに顔が見える状態で座る。 ・感想を言う。 ・意見を言う。 ワークシート　名前 1 感想 2 気づいたこと、発見したこと 3 信頼について 2.ワークシートに学習の成果をまとめる	・「今回、言葉を使わないことにこだわったブラインドウォークを体験しました。感じたことや発見したことを話してください」と何人かに感想を聞く。 ・「信頼とは見ることはできませんが、感じることはできるものだと思います。信頼についてのみなさんなりの意見を聞かせてください」と何人かに意見を聞く。 ・振り返り後、各自、ワークシートに記入させ、提出させる。

◆ 活動の発展と応用

・障害物があったほうが意欲が増すので、慣れてきたら教室を出て廊下を歩かせてもよい。階段等を経験させるのも面白い。その場合、階段の最初と最後の段には必ず注意を促す。また、廊下を歩く場合は、ほかの学級にも影響を及ぼす可能性があるので、事前に相談しておく。　　　　（山本直樹）

◇ Amanda Davis
異種移植をめぐって

異種移植とは，異なる種の生物間での細胞や臓器移植のことである。ブタの細胞等が脳卒中などの治療に用いられるケースもある。異種移植の是非を医学的，免疫学的，そして倫理的立場から問う。

教科：英語
対象：高校3年生
単元：全1時間

▶ 活動のねらい

Amanda Davis は 20 歳の誕生日の前日，脳卒中で倒れ左半身不随となり，脳の移植手術を受けた実在の人物である。そのときに使われたのが，ブタの細胞である。*Unicorn English Reading*（文英堂，平成 18 年版）では異種移植について取り上げられており，そのなかにも Amanda Davis のことは紹介されている。本活動は，異種移植についての単元を学んだあと，さまざまな立場になって異種移植の是非を問うディスカッション形式をとり，医学的専門用語や学んだ内容についての復習にとどまらず，異種移植を身近な問題として考えることをねらいとする。

▶ 評価について

ドラマはすべて英語で行う。評価は，下記を総合的に評価する。
・どれだけ英語の教材を理解しているか
・与えられた教材以外にも自分から自主的にリサーチをしているか
・ロールプレイに積極的に参加し発言できているか
・自分の意見を英語のエッセイにしてまとめられるか

▶ テキスト・準備物

上述の教科書の説明がわかりやすいが，インターネットで検索された情報や異種移植についての本も参考資料とする。

> **新学習指導要領とのおもな対応**
>
> 目標：英語を通じて，事実や意見などを多様な観点から考察し，論理の展開や表現の方法を工夫しながら伝える能力を伸ばす。
> 内容：(1)(2)に関連。対話，ディスカッション，プレゼンテーション，作文等

▶ 学習活動の流れ

　本文読解を2時間で終え，内容理解の英問英答や，キーワードとキーセンテンスをつなぎ合わせて本文の要約を英語で書く，などの本文読解後の練習を終えてから，本活動に入る。

　異種移植についての問題は，科学的医学的見地や倫理的問題，患者の視点や動物愛護の視点などさまざまな立場がからんでくる。ロールプレイをすることでそれぞれの立場から問題をみてみること，そして立場が変わると問題のみえ方が変わることを体験し，多角的な物事の見方，とらえ方を学ぶことができる。そのために，「ティーチャー・イン・ロール」（教師もドラマの中に参加する）「専門家のマント」（専門的知識を持っている集団）がドラマ技法として取り入れられ，子どもたちは専門家という役になって意見を求められる。

▶ 留意点

・教師がティーチャー・イン・ロールで，ある役になり，英語で語ることで，子どもは英語で話し合いが進んでいくことを認識できる。話し合いを深めるためにも，教師は，思い切って役になり，英語のみで説明する。
・子どもは「専門的知識をもっている集団」という役になって，積極的に英語での話し合いに参加しなければならない。必然的に教科書の知識だけでなくインターネット等を活用して事前に英語の文献を読み，それを理解し自分の言葉で表現する自主性が求められる。教師は，調べ方のヒントや方法を事前に教えておく。必要があれば調べる時間を別途設定する。
・ドラマ活動のなかで子ども一人一人が発言できているか，積極的に発話できる環境づくりができているかに配慮しながら進める。

活動の展開

	学習活動の内容	留意点・準備物
導入	1. ティーチャー・イン・ロールで始める ・教師は子どもたちの前のいすに腰を下ろし、「自分はある役になってここに座っているので、何でも自分に質問してほしい」と英語で言う。 2. 子どもたちの質問を受ける ・質問するうち、教師が左半身不随になっている Amanda Davis 役になっていることがわかる。 3. 学級全体でいままでの導入部分について、わかったことを話し合う	・ティーチャー・イン・ロールを行う雰囲気づくりとして、教師の座るいすの位置を工夫する。例えば、子どもたちから少し距離をおき一段高い教壇の、教卓をあらかじめどけた何もない空間の真ん中に置くなどの工夫をすると入りやすい。 ・質問が一段落したのを見はからって、教師は Amanda のまま、"I'm still young. I want to get married and I want to raise a family. I've recently heard about pig-cell transplants. Does anybody know about the treatment? I want to try anything to recover from this illness. So please tell me about it!" などと言ってから教師に戻る。
展開	1. 教師は雑誌の編集記者役（ティーチャー・イン・ロール）で学級に語りかける ・子どもたちは専門家集団として異種移植について自分が知っていることを記者に伝えたりその安全性について答えたりする。	・記者は異種移植についての記事を書くため専門家に取材にきたという設定である。 ・黒板などに、事前に学んだ異種移植に関する新しい英語の表現や単語、医学的専門用語など、ディスカッションで使えそうなものも含めて大きめの紙に書き、貼っておく。

展開	・専門家にも，生物学者や外科医など，いろいろな立場がある。それぞれの役のグループをつくり，専門家同士で質問し合って知識を共有したり矛盾点を指摘したりとグループ同士の議論になるのもよい。 **2. 子どもたち同士の話し合いを行う** ・教師は動物愛護団体の急進派的存在（ティーチャー・イン・ロール）で，雑誌記事を見て，異種移植の研究を進めることに反対する集会を開く。 ・子どもたちは動物愛護団体，宗教家，免疫学者などの役で，それぞれの意見を発表する。	・子どもたちがいきなり英語で発言することに抵抗がある場合には，まず専門家の少グループに分かれ，そのなかで意見交換をする。次に，グループのなかで話し合われたことを，全体会のような形で記者に報告させてもよい。 ・この雑誌記事は，1 での議論をもとに書かれたという設定である。
まとめ	1. 学級全体でそれまでの活動を振り返る 2. 子ども一人ひとりが，ドラマ活動を通して新たに学んだこと，考えたことを英語のエッセイにして提出する	・それまでの活動のなかで子どもたちから言及がなければ，教師はまとめの話し合いのなかで最近では iPS 細胞（induced pluripotent stem cells）の開発や深部脳刺激療法（Deep Brain Stimulation）なども注目されていることを伝える。

活動の発展と応用

　子どもたちが本活動を通して考えたことを，英語のエッセイにして提出した内容から，さらに次の授業でのディスカッションのテーマが見つかるかもしれない。

〔吉田真理子〕

資料　絵本・物語

以下の絵本と物語は，ドラマ活動をするときの素材や資料として参考になるであろうという視点から選択した。これらを使わなければならないということではない。

◎絵本
- 内田麟太郎作，降矢なな絵『ともだちや』偕成社，1998.
- 大塚勇三再話，赤羽末吉画『スーホの白い馬――モンゴル民話』福音館書店，1967.
- 加古里子絵と文『おたまじゃくしの１０１ちゃん』偕成社，1973.
- ルース・スタイルス・ガネットさく，ルース・クリスマン・ガネットえ（わたなべしげおやく）『エルマーのぼうけん』福音館書店，1963.
- 香山美子作・柿本幸造絵『どうぞのいす』ひさかたチャイルド，1981.
- エリック・カール作・絵（もりひさし訳）『はらぺこあおむし』偕成社，1976.
- ジュリエット・キープス文・絵（いしいももこ訳）『ゆかいなかえる』福音館書店，1964.
- 西郷竹彦文，福田庄助絵『さるかにばなし』ポプラ社，1967.
- 瀬田貞二訳・山田三郎画『三びきのこぶた――イギリス昔話』福音館書店，1967.
- モーリス・センダックさく（じんぐうてるおやく）『かいじゅうたちのいるところ』冨山房，1975.
- ドーデーさく（きしだえりこぶん，なかたにちよこえ）『スガンさんのやぎ』偕成社，1966.
- 内田莉莎子再話，佐藤忠良画『おおきなかぶ――ロシア民話』福音館書店，1966.
- なかがわりえこ，おおむらゆりこ絵『ぐりとぐら』福音館書店，1963.
- ハンス・フィッシャーえ（せたていじやく）『ブレーメンのおんがくたい――グリム童話』福音館書店，1964.
- マーシャ・ブラウンえ（せたていじやく）『三びきのやぎのがらがらどん――アスビョルンセンとモーの北欧民話』福音館書店，1965.
- 松居直再話，赤羽末吉画『だいくとおにろく』福音館書店，1967.
- レオ・レオニ作（谷川俊太郎訳）『スイミー――ちいさなかしこいさかなのはなし』好学社，1969.
- せたていじやく，わきたかずえ『おだんごぱん――ロシア民話』福音館書店，1966.

◎物語
- 石井桃子編・訳，J. D. バトン画『イギリスとアイルランドの昔話』福音館書店，1981.
- 内田莉莎子編訳・タチヤーナ・マブリナ絵『ロシアの昔話』福音館書店，1989.
- おざわとしお再話・赤羽末吉画『日本の昔話』全5巻．福音館書店，1995.

第4章
ドラマ教育を
より深めるために

ドラマ教育をより深く研究・実践するには，どのような方法が考えられるであろうか。本章では，ドラマ教育に興味をもった読者の皆さんと，ドラマ教育をどのように研究していけばよいか，ともに考えていきたい。

第4章　ドラマ教育をより深めるために

ドラマ教育をより深めるために

ここまで本書を読んできて，ドラマ教育の理論と実践にふれるなかで，ドラマ教育の実践についてより深く研究してみたいと思った実践者の方や，卒業論文・修士論文をドラマ教育をテーマとして書いてみたいと思った学生の方もいるかもしれません。本章では，そのような皆さんとともに，ドラマ教育を研究するにはどのようにしたらよいかについて考えていきたいと思います。

1　研究とは何か？　論文とは何か？

　そもそも，研究するとはどういうことなのでしょうか？　また，その研究の成果をまとめる論文とはどのようなものなのでしょうか？
　論文とは，ひと言でいうならば，問いに答えるものです。自分で問いを設定し，それについて答えます。しかし，ただ，問いに答えればそれでよいというものではありません。「答えは〇〇である。なぜなら私はそう信じているから」では，ほかの人がそれを読んで納得することができません。納得できる答えの理由をつける必要があるのです。その理由は，「この研究者がこう言っているから」だったり，「統計を見るとこうなっているから」だったり，「現場にいる人がこのように話しているから」だったりします。まとめると，論文に必要なものは，問い，答え，そして理由です。
　そして，その問い，答え，理由のどこかにオリジナリティ（独自性）が含まれている必要があります。だれかがすでに答えを出していることに対して同じ答えを出してもあまり意味はありません。だれもまだ扱っていない対象を扱ったり，いままで使われていない方法で研究をしたり，いままでの答えとは異なる答えを出したりして，どこかの側面でオリジナリティを出す必要があります。

2　いろいろな研究方法

では，実際にドラマ教育を研究するときにどのような方法があるのでしょうか？　どのような方法を選ぶかは，何を明らかにしたいのかという問いと関係しています。明らかにしたいものをとらえるのに適した方法を選ぶ必要があります。

1　文献研究

ドラマ教育の実践者が書いた理論書，ドラマ教育の研究者が書いた研究論文などを読み，それを分析します。

2　資料研究

ドラマ教育の実践者がパンフレットに書いた原稿，団体についての新聞記事，実践者の書いているブログなどの資料を分析する方法です。資料には，実践者の日記など，まったく加工されていない一次資料と，インタビュー記事などだれかによって編集されたり加工されたりした二次資料があります。

3　実験

例えば，あるドラマ教育のプログラムを開発し，そのプログラムを受けた人と，受けなかった人で，どのような差が出てくるかを，実際にプログラムを受けてもらうことで明らかにする研究です。結果を数字として表し，統計的に検討する量的アプローチを取ることが多いです。

4　フィールドワーク

ドラマ教育が行われている現場に行き，そこにいる人たちと同じ時間を過ごしながら，そこで起こっていることを観察し，記述し，分析する方法です。もともと人類学などで用いられる，その場で起こっていることを文学のように記述していくエスノグラフィー，あるいは，ある個人に焦点を絞って観察

する事例研究（ケーススタディ）などの方法があります。

5 インタビュー

　ドラマ教育の実践者や子どもたちなどと話をしながら，いろいろと聞き出す方法です。事前に質問を決めて聞く構造化インタビュー，だいたい聞くことを決めておきながら話の流れのなかで質問を考えて聞く半構造化インタビュー，とくに聞くことを決めず雑多な話をしながら聞いていく非構造化インタビューがあります。その場でメモを取って記録したり，録音してそれを文字に起こして記録としたりします。

　授業を受けている子どもに，何を学んだと思うか，自分がどのように変わったと思うかなど，インタビューすることはよく行われます。また，授業をしている実践家が，それぞれの場面で何を考えていたのか，なぜそのように言ったり動いたりしたのか，という実践家のもっている経験的知恵を探る反省的実践家研究にもインタビューが使われることが多いです。

6 質問紙調査

　一般的にはアンケート調査と呼ばれるものです。質問に対して文章で回答してもらう質的な質問紙調査と，該当する数字に丸をつけて回答してもらうなどの量的な質問紙調査があります。

7 アクションリサーチ

　自分自身が実践する授業を研究する，あるいは，自分も実践者のグループに加わって授業をよりよくするために研究する方法です。多くの場合，まず授業をする前に，子どもたちがこの授業を通して，このように育ってほしいという目標（ねらい，願い）を設定します。そして，それを実現するための授業の計画をデザインします。目標と計画にそって授業を行い，子どもたちの様子を観察します。そして，授業後に目標が達成できたかどうかを振り返ります。

今回の授業で実現できなかったことや，新たに浮かび上がってきたさまざまな問題は，目標として取り込んで次の授業をつくります。このように循環しながら実践・研究を進めていくのが特徴です。

8　組み合わせる

　ドラマ教育の研究のなかには，一つの方法だけではうまくいかないこともあります。そのため，複数の方法を組み合わせて，なるべく多面的で複合的なものをとらえようと試みることが多いです。この複数の方法を組み合わせることをマルチメソッドやトライアンギュレーション（三角測量）と呼びます。

3　ドラマ教育の実践を研究するために

　ドラマ教育について研究したいと思う皆さんの多くは，ドラマ教育の実践について研究してみようと思っているのではないでしょうか。この「ドラマ（演劇）」と「教育」には共通する特徴がいくつかあります。

1　一回性

　一つ目は，それがある場所で一回だけ行われてそれで消えてしまうということです。ドラマも教育も，その時間，その場所に居合わせた人しか体験できず，望んでもそれは二度と経験できないものです。ドラマや教育を研究する人は，その時間，その場所で起こったことを何らかの形で記述して，消えないものとしてとどめなければなりません。

2　多面性

　もう一つの特徴は，ドラマも教育も，見方によってさまざまな側面をみせる多面的なものだということです。演劇は，俳優，ストーリー，舞台装置など，何に注目するかによって見え方が異なってきます。教育実践も，教師の

話し方に注目するか，A君という一人の子どもの様子に注目するか，教えられている内容に注目するかなどによって見え方が変わります。

実践を記述して残そうと思っても，すべての側面を記述することはできません。たとえビデオで記録を撮ったとしても，ある部分を切り取っているので，すべてのものを記録したとはいえません。ドラマも教育も，すべてを取り出して残すことはできないのです。かといって，ある一面だけを取り出してきても，もとのドラマや教育とはほど遠いものになります。

研究をする場合には，なるべく研究上重要なところをよく表す側面からとらえたり，いくつかの側面から複合的にとらえたりする必要があるのです。

4 実践記録のつけ方

ここからは，ドラマ教育の実践を研究するときのフィールドワークでの実践記録のつけ方と，その分析の仕方について具体的に説明していきたいと思います。

1 なぜ実践記録をつけるのか？

そもそもなぜ実践記録をつけなければならないのかを考えてみましょう。最も重要な理由は，ドラマ教育の実践が，ある時間，ある場所で行われたあと，消えてしまうものだからです。消えてしまったものを，記憶を頼りに説明しようとしても，ほんとうにそうだったのか相手にはわかりません。また，記憶は時間が経つと変わっていきます。記憶は常に頭の中で再構成され，省略や変形が進んでいくことが知られています。ときには本人にとって都合のよいことだけが強調されたり，都合が悪いことは忘れられたりします。そのようなあいまいな記憶を，導き出す答えの根拠とするわけにはいきません。

実践が終わったあとに，経験したことを極力文章（テキスト）の形で残しておけば，記憶の再構成の問題はある程度避けられます。時間が経ってもこのテキストを見れば，そのときのことをある程度正確に再現できるのです。

また，ほかの人にとっても，記憶は直接見ることができませんが，テキストは直接見ることができるので「このテキストを理由にこのような答えを出しているが，別のこのような解釈もできるのではないだろうか」というように，かみ合った議論をすることができます。

　実践記録をつけることは，もう一つのメリットがあります。それは，記録をつけようと思うと，そこで行われていることを，積極的に観察するようになるということです。もし何も記録をつける予定がなく実践の場にいたとしたら，その場で起こっていることの多くは認識されずに目の前を素通りしてしまうでしょう。しかし，実践を見たあとになるべくたくさんの記録を残そうと思っていたら，現場で起こっていることを注意深く観察し，いろいろな人に話を聞き，見聞きしたことをできるだけ覚えておこうとするはずです。また，記録を書こうとしたときに，たくさん思い出すはずです。そうして，より深く観察し，よりたくさん思い出すことで，多くの内容をテキストにとどめることができます。

　これは，実践者が研究をするアクションリサーチの場合には特に有効です。ふだんの授業では見えなかったことが，記録を残すことでたくさん見えてきます。そのため自分の実践をさらに多面的に深く振り返ることができ，よりよい実践をつくっていくことができます。

　分析をするときに，テキストになっていることには大きなメリットがあります。もし映像や音声で記録をしていたなら，例えば45分の実践をもう一度見よう，聞こうとすると45分かかってしまいます。その授業を10回観察するとなると450分かかります。これでは大変です。もし，実践の記録が文章の形になっていれば，ざっと読み流したり，詳しく読み解いたり，いろいろなスピード，深さで読むことができます。また，A君についての記述だけを取り出して並べたり，あるテーマにそって分類したりすることも比較的簡単です。

2 何をどう実践記録に書くのか？

それでは，何をどのように実践記録に書いていけばよいのでしょうか？これにはフィールドワークの手法であるフィールドノーツのつけ方がとても参考になります。その特徴をいくつかあげてみます。

①ストーリーで書く

まず，記録は文章で，ストーリーの形で書くとよいでしょう。記録を箇条書きの形で残しておくと，あとで思い出そうとするときに，出来事と出来事のつながりがわからなくなってしまいます。ストーリーで書くことは「〇〇があって，そのために△△があって……」と因果のつながりを考えながら書くということです。これは人間にとって自然な思考の仕方なので，書きやすく，あとで読み返したときにも多くを思い出すことができます。

②網羅的に書く

あることにしぼって記録を残すのではなく，なるべくさまざまなことについて記録を残しておくことです。人類学者のクリフォード・ギアーツはこのことを「厚い記述（thick description）」と呼んでいます。とくに最初の授業では，授業であったことだけではなく，学校の建物や教室について，会った人たちの見た目や声，話し方など，周辺的な情報についても書いておくとよいです。多くの人の第一印象についても書いておきましょう。

しばらく授業に通っているうちに，例えばBさんのことが気になり始めたとします。「あれ，Bさんは最初のうちはどんな様子だったんだろう」と思っても，最初のBさんの様子は記録しておかなければわかりません。あとで何を深く見たくなるのかわからないので，最初の段階ではなるべく幅広くいろいろな人たちのことを書いておきます。

③時系列で書く

人ごと，グループごとなどではなく，あったことの順番で時系列にそって書いたほうが書きやすいし，多くのことを網羅的に思い出しやすいです。

④具体的に書く

　ドラマ教育の研究における実践記録は，裁判の証拠と似ています。あとで分析をして自分の答えを述べるときに，おおざっぱな実践記録を証拠にするよりも，細かく具体的な記録を証拠として述べたほうが，説得力が増します。

　また，印象ではなく，見たままの事実のほうが説得力を増すので，なるべく具体的に事実を書くとよいです。「広い部屋」ではなく「5メートル×8メートルぐらいの部屋」，「たくさんの人」ではなく「30人ぐらいの人」，「かわいい格好」ではなく「白くてフリルのついたブラウス」と書いたほうが，より具体的，事実的です。

⑤カルチャーショックを利用する

　ある外国の教育研究者が日本の学校で全校集会を見たときに驚いたそうです。「男の子と女の子が別々に並んでいる！」その研究者は学校でそのような並び方を見たのが初めてだったのです。しかし日本で育った人なら，その場にいてもそのことには意識がいかなかったかもしれません。人はそれぞれ違った背景をもって生まれ，違った経験をしてきているから，世界は違った見え方をしています。

　ある現場に毎日いる人が，そこのことをいちばんよく知っているとは言い切れません。なぜなら，そこにあるものや，そこで起こる出来事があたりまえになっているので，いちいち何かを発見したり，なぜそうなっているのか理由を考えたりすることがないからです。ひょっとすると，その現場に初めて行った人が，現場の人には見えなくなっていた何かに気づくかもしれません。

　ある現場に行き，何かがすごく気になったら，それはチャンスです。それは，自分だから発見できたことかもしれません。そういうことをしっかり書き残しておいてください。

　また，何かに気づく感性を磨くために，興味の幅を広げて，講義を聞いたり，本を読んだり，話を聞いたり，芸術作品にふれたりすることもとても大切です。

⑥自分たちのことも書く

　ドラマ教育の実践の場に観察者が入った場合，観察者はその現場に何らかの影響を与えます。アクションリサーチの場合には，実践に直接的にかかわるので，その影響も強いです。したがって，観察者である自分たちがいつどこで何をしたのかについても書いておいたほうがよいです。自分たちのことを書いておくと，あとでそのときのことが思い出しやすくなります。とくに子どもたちと話をしたり，一緒に何かをしたりした場面は，あとで子どもたちの様子を分析するときにとても重要なものになりますから，自分が何を言ったのか，何をしたのかについても書いておきましょう。

　ただし，自分の思ったこと，感じたことを主観的に書きすぎると，感想文のようになってしまいます。記録の中で「私が……」「ぼくは……」と書かずに，「高尾は……」と名前を三人称で書くのも，自分に対して少し距離を取って客観的に書く工夫の一つです。

⑦楽しく書く

　実践記録をつけるのは意外と大変です。授業が終わってから，授業と同じだけの時間かそれ以上，パソコンに向かうことになるでしょう。「ちゃんと書かなくては」とあまり自分を追い込みすぎると，書くことがつらくなったり，書けなくなったりします。

　調子がよくて詳しく書ける日，少ししか書けない日，まったく書けない日もあるかもしれませんが，たとえまったく書けない日が1日あったからといって，それで研究が全部だめになるわけではありません。何も書かないよりちょっとでも書いたほうがよいだろう，今回はあまり詳しく書けなかったけれど次回は詳しく書こうと，ポジティブな気持ちでいたほうが建設的です。フィールドワークは長丁場です。「無理せず楽しく」が続けるコツです。

　自分を主人公にした小説を書くつもりで書いていくのも楽しく書くコツです。もし現場で，ツッコミを入れたくなるような出来事があったり，イラッとする出来事があったりしたら，記録の途中に括弧して（なんじゃそりゃ）とか（ムカつく!）とか書いても構いません（これを「わきぜりふ」といい

ます）。

　好きなように書くと，あとでほかの人に見せられないと心配かもしれませんが，そのままの実践記録はほかの人に見せる必要はありません。むしろ，ほかの人に見せるためではなく，自分用にと思って書いたほうが，正直に自分の見たまま感じたままを書くことができます。もし後日，ほかの人に見せる必要があれば，もう一度読み返して不適切な部分をカットすればよいでしょう。

⑧自分のスタイルをつくる

　何度か書いてみたら少しずつ自分の書きやすいスタイルを探っていくのもよいでしょう。最初に当日の時間の流れを書いてもよいし，登場人物表をつくってもよいし，図やイラストを使ってもよいかもしれません。なるべく多くのことを記録に残せ，かつ自分にとって書きやすいスタイルを見つけてみましょう。

3　いつ実践記録をつけるのか？

　実践記録の書き方についてみてきましたが，実践記録をいつつければいいのでしょうか？　フィールドワークのときにつける記録のことをフィールドノーツといい，これには現場で小さな紙にメモしたものから，現場から戻ってノートやパソコンにまとめたものまで，すべて含まれます。それぞれを，いつどのようにつけていけばいいかをみていきます。

①現場にて

　現場では簡単なメモを取っておきます。実践に参加しているなら，休憩時間やちょっとした空き時間にメモを取るようにします。見学できる場合にはノートなどにメモを取ることができますが，実践者や子どもたちの邪魔にならないように配慮が必要でしょう。また，学生ならば，最初に「ドラマ教育を勉強している学生です。見学してメモを取らせてください」とあいさつをしておくと，見学したりメモを取ったりしていても不自然さはなくなるかもしれません。

フィールドノーツの例
【ワークショップ基本情報】
★即興実験学校　インプロワークショップ　トライアルクラス
時：2008年2月3日（日）9：30〜12：00
場所：本橋区立健康プラザもとはし　7階　会議室
参加者：うっしー，さとし，ゆき（私）＋どみんご，ひろみ
【出発〜到着】
　7：00．起きる。携帯の目覚ましに30分遅れて飛び起きる。外は雪！吹雪！！　駅に向かう歩道は雪だらけ。とても寒い。非常に寒い。南西線で地元の赤山駅から本橋駅まで向かった。電車に遅れはなく，座れたので30分ほど睡眠をとる。（中略）
【始まる前】
　入るとどみんごを発見。あいさつをして室内をキョロキョロする。15畳くらい？　の広い長方形の室内に，会議室っぽい長机が6つ長方形に並べられていて，床は絨毯（たしかピンク），ドアの反対側は全面大きなガラス窓になっていて，7階の高さから吹雪がよく見えてとてもきれいだった。都会のオフィスという感じ。
　室内にはキャメル色のあたたかそうな上着を着たどみんごしかおらず，ほかの人は，と聞くと，テキトーに遅れて来るのではないかとのこと。今日は雪のせいもあって人数は少ないだろうと話す。急いで来たけど，そういえばここは気楽で気軽な場所であったと思い出した。
　即興実験学校についてなど，座って雑談していると，ドアからすらりとした髪の長い，黒いダウンのロングコートを着てカートをひいたお姉さんがあいさつとともに入ってきた。優しくて気さくそうな感じがした。最初は普通にワークショップを受けに来た人かと思ったけれど，2人の会話でどみんごと一緒に即興実験学校をやっている人だとわかった。（後略）

　　　　（東京学芸大学　田中友紀さんのフィールドノーツから。一部編集）

②戻ってから

　現場から戻ったら，なるべく別のことをする前に記録を清書してしまったほうがよいです。別のことをして記憶が薄れたり，変わったりすることが多々あります。現場から戻ったあとには予定を入れないほうが賢明です。

　疲れて記録をつけるのがつらいときは少し寝てからつける手があります。その場合も起きたあと，別のことをする前にすぐ記録をつけてしまいます。

　現場でメモしたものを見ながら，出来事を最初から時間順に思い出し，なるべくたくさん書いておきます。帰りに喫茶店などに入ってノートに手書きしてもよいですが，あとの分析のことを考えると，パソコン入力したほうが楽かもしれません。

5　実践記録をつけたあとどうするのか？──分析から論文執筆へ

　このようにして実践記録をつけていくと，何度も授業に通っているうちにずいぶん記録がたまってきます。パソコンに入っているデータもプリントアウトするとずいぶんな量になるでしょう。これが論文になるのだろうかと不安になるかもしれません。

　実践記録はあくまで素材であり，論文の作成のためには，ここから問いを決定し，理由をつけた答えを書くことが必要です。それでは，実践記録ができたあと，どのようにしていけばよいのでしょうか？　次に，分析と論文執筆のプロセスについて説明していきます。

1　読む

　まずは，最初からひたすら読み返していきましょう。そのとき片手にペンを持ち，自分で面白いと思うところや気になるところに線を引きながら読んでいきましょう。自分の感覚を信じて線を引いていけばよいです。あとで線を引いたところを中心に読んでいくと，そこに何か大事なテーマが潜んでいることが多いです。また，読んでいて思ったこと，思いついたこと，授業や

本の中で見聞きしたことと似ていることなどがあったら，それをキーワードとして余白の部分に書き込んでいきます。

2 分類する

次に，記録を一文一文，あるいは段落ごとにバラバラにして，いろいろな方法で分類をしてみます。「A君」「Bさん」のように子どもごとに分類してもよいし，「ファシリテーターの動き」だけを取り出してもよいし，例えば「恥ずかしさ」「勇気」など読んでいるなかで出てきたキーワードごとにまとめるのもよいです。もちろん，もともと問いとして考えていたことをもとにして分類してみましょう。例えば，ドラマ教育の教師の仕事に興味があったら，現場で見られた仕事の種類ごとに分類してみます。いろいろな方法で分類し，読み直し，また違うやり方で分類し直すというふうに，何度も何度も組み替えてみます。そのなかで，記録を書いていたときにはわからなかったことを発見することがあります。それが研究の面白さです。

分類は，ノートに書いていた場合には，それをコピーして，文ごと，あるいは段落ごとにはさみで切り取って使います。パソコンに入力していた場合には，ワープロソフトや表計算ソフトを使ってカットアンドペーストして分類ができて簡単です。

3 分析する

分類して並べかえているうちに「なぜあのときA君はこのようなことを言ったんだろう？」「なぜファシリテーターはあそこで予定を変更したのだろう？」などいろいろと疑問が出てきます。その疑問について考えていきます。また，もともとの問いについても考えてみます。すでにある材料で問いに答えられるかをやってみます。自分の考えを短い文章で書いていきます。

4 論文を書く

卒業論文・修士論文を書く学生の場合なら，ここまでできたところで指導

教員に相談に行けば，どのように論文にしていくかがだいたい見えてくると思います。そうすると，いよいよ論文を書いていきます。

論文は最初から書くのではなく，書きやすいところから書いていったほうがよいです。だれがどこでいつ行った授業かという授業の概要は，最初に書きやすい部分でしょう。そして必要なら，一回一回の授業がどういう様子だったかを，実践記録をもとにもう一度書き直してみます。実践記録の内容をすべて論文に載せるのは多すぎるので，実践記録から，論文に必要と思われる部分だけを選んでまとめ直したほうが，読み手にとって読みやすくなります。

そして，そのあと問いに対する答えを書いていきます。「ドラマ教育における教師の仕事にはどのようなものがあるか？」が問いならば，教師の仕事を「一つ目は……」「二つ目は……」と，観察して見つけた教師の仕事を整理し，授業中に見られた具体的な仕事の様子を，実践記録をもとに書いていきます。「ドラマ教育において子どもたちはどのような能力を身につけているのか？」が問いならば，やはり「一つ目は……」「二つ目は……」と，子どもたちが身につけたと思われる能力を整理し，授業中に見られたその具体的な場面を，実践記録をもとに書いていきます。

6 新しい研究発表の仕方

このようにして，ドラマ教育の実践について研究をし，そこから論文を書くことができます。

ここまでみてきたのはドラマ教育について研究をするやり方ですが，近年，ドラマ教育を使って研究をするやり方が出てきました。人文・社会科学などにおいては，いままでのように研究の成果を論文として表現するのではなく，ドラマ教育的な手法を用いて，新たな形で表現する動きが出てきています。最後にそれについてふれておきたいと思います。

それは，何かのテーマについて研究したことを，最終的に演劇などの芸術作品にするやり方で，そのなかでも注目を浴びている方法がパフォーマン

ス・エスノグラフィーです。エスノグラフィーは，あるテーマを研究するためにある対象にフィールドワークを行い，その成果を民族誌と呼ばれる文学的な文章にしていくのですが，パフォーマンス・エスノグラフィーでは，それを文章ではなく脚本にしていきます。

その脚本を上演することで，その対象についてわかりやすくかつ深く伝えることができ，テーマに対する答えも知識のレベルだけでなく，身体的なレベルでも伝えることができるのです。そして，ふだん本や，まして論文などを読まない人たちにも，研究の成果を提供することができるのです。

そのほかにも，フィールドワークの成果を映像で発表するなど，新しい研究手法が出てきています。

また，芸術家でも，ある対象やテーマについてていねいなリサーチを行ったあとに，その成果をもとにして作品をつくる人たちが増えてきています。芸術家といえばいままでは一人孤独に自分を見つめながら作品をつくるイメージがあったかもしれません。しかし，これからは，社会で起こっていることに関心を向け，いろいろな現場に出ていって，見たり，人から話を聞いたりしていく。作品づくりを複数の人でかかわるプロジェクトにして，作品だけでなく，そのプロセスも公開していく。そして，その作品づくりと作品の発表を通して，人々にメッセージを届け，社会をよりよい方向に変えていく。そのような芸術家が多く出てくると思います。

研究者にもそのような形で研究したい人が多く現れるでしょう。これまで研究者は研究者，芸術家は芸術家と役割分担していましたが，これからは，ワークショップのファシリテーションをして教育にもかかわり，協働プロジェクトで芸術作品もつくり，研究も行う。そして，これらをつなぎ合わせながら新しいものを発信していく，そういったファシリテーターでもあり，芸術家でもあり，研究者でもある存在が，活躍の場を広げていくと思います。

私もこのような活動をしていけたらと思っています。皆さんがドラマ教育に出会い，ドラマ教育の実践をしたり，研究したりすることに興味をもち，一緒にワークショップと表現と研究を自由自在に渡り歩くような面白い活動

をしていけたらと願っています。皆さんがドラマ教育の世界に足を踏み入れてくださることを楽しみにしています。 　　　　　　　　　　　（高尾　隆）

研究を深めるための文献リスト

　ドラマ教育の研究法についての日本語文献はほとんどありませんが，以下の文献はドラマ教育を研究するうえで非常に参考になります。

- 秋田喜代美・藤江康彦編『はじめての質的研究法——事例から学ぶ（教育・学習編）』東京図書，2007．
- デンジン，N. K. 編（平山満義監訳）『質的研究ハンドブック』1～3巻，北大路書房，2006．
- エマーソン，R. ほか（佐藤郁哉ほか訳）『方法としてのフィールドノート——現地取材から物語（ストーリー）作成まで』新曜社，1998．
- 苅谷剛彦『知的複眼思考法——誰でも持っている創造力のスイッチ』講談社，2002．
- 佐藤郁哉『フィールドワークの技法——問いを育てる，仮説をきたえる』新曜社，2002．
- 佐藤郁哉『フィールドワーク——書を持って街へ出よう（増訂版）』新曜社，2006．
- 東郷雄二『文科系必修研究生活術（新版）』筑摩書房，2009．

資料　ドラマ教育／演劇教育関連　参考文献

◎日本語文献
- 岡田陽『子どもの表現活動』玉川大学出版部，1994.
- 岡田陽編『子どもの表現と劇遊び』フレーベル館，1988.
- 小原國芳「學校劇論」『小原國芳選集』5，玉川大学出版部，1950.
- 片岡徳雄編著『劇表現を教育に生かす』玉川大学出版部，1982.
- 熊谷保宏「シアターゲーム研究ことはじめ」『日本大学芸術学部紀要』29，1999，pp.A55-74.
- 芸団協・芸能文化情報センター編『表現教育を子どもたちに──実演家よ，学校へ行こう！』芸団協出版部，2001.
- 小林志郎「教員養成大学における演劇学習プロジェクト──演劇教育の一つの phase」『日本演劇学会紀要』23，日本演劇学会，1985，pp.19-35.
- 小林志郎「国語教育と演劇教育との接点」『文学と教育』12，文学と教育の会，1986.
- 小林志郎「ドラマ教育の「領域」とその「可能性」」『総合芸術教育研究とその生涯教育への応用報告書』東京学芸大学，1988.
- 小林志郎「Drama in Education 論考── Drama in Education から見たオーストラリア，タスマニアとヴィクトリア 2 州の教員養成大学とその周辺の問題の考察」『東京学芸大学紀要（第 2 部門）』39，1988，pp.37-47.
- 小林由利子「イギリスのドラマ教育の考察（1）-（12）」『川村学園女子大学研究紀要』6-18，1995-2007.
- 全国児童館連合会編『児童館の劇あそび（児童館活動事例集 4：やってみようよ劇遊び）』全国児童館連合会，1991.
- 全国児童館連合会編『児童館の劇あそび（児童館活動事例集 4：理論と実践）』全国児童館連合会，1991.
- 清水豊子「トークからドラマへ（序）──日本のアウトプット教育を考える」『千葉大学教育学部研究紀要（Ⅱ）』44，1996，pp.45-57.
- 清水豊子「芸術形式の変換──文学教育からドラマ教育へ　ドラマ・パフォーマンスが生み出すもの」『千葉大学教育学部研究紀要（Ⅱ）』47，1999，pp.55-81.
- シェクナー，R.（高橋雄一郎訳）『パフォーマンス研究──演劇と文化人類学の出会うところ』人文書院，1998.
- 仙石桂子「即興演劇を活用した総合的な学習に関する研究」上越教育大学大学院学校教

育専攻学習臨床コース修士論文，2006.
- 高尾隆『インプロ教育――即興演劇は創造性を育てるか？』フィルムアート社，2006.
- 高山昇「ドラマ教育による自己呈示能力育成の研究」日本大学博士論文（芸術学），2007.
- 太宰久夫・西田豊子ほか『子どもの"生きる力"を育む表現活動――地域における「仕掛人」のための手引き』子ども劇場全国センター，2000.
- 冨田博之『演劇教育』国土社，1993.
- 冨田博之『日本演劇教育史』国土社，1998.
- 津田塾大学言語文化研究所言語学習の個別性研究グループ編，林さと子・吉田真理子ほか『第二言語学習と個別性――ことばを学ぶ一人ひとりを理解する』春風社，2006.
- 坪内逍遙『児童教育と演劇』日本青少年文化センター，1973.
- 中山夏織『ドラマ・イン・エデュケーション――ドラマ教育を探る12章』シアタープランニングネットワーク，2007.
- 中島裕昭「メタレベルの構築を支援するための〈身ぶり〉」中島裕昭編『ブレヒト演劇における言語，身体，振舞（日本独文学会叢書54）』日本独文学会，2008.
- 西田豊子『子どもに向き合う表現指導者とは――子どもの成長と芸術体験』日本芸能実演家団体協議会，2005.
- 日本演劇教育連盟編『演劇教育入門』晩成書房，1978.
- 日本演劇教育連盟編『演劇教育実践シリーズ』1-20，晩成書房，1988.
- 日本演劇教育連盟編『新・演劇教育入門』晩成書房，1990.
- バーガー，I. B.（高島和子訳）『高齢者のためのクリエイティブ・ドラマ』同文書院，1983.
- フィッシャー＝リヒテ，E.（中島裕昭・平田栄一朗・寺尾格・三輪玲子・四ツ谷亮子・荻原健訳）『パフォーマンスの美学』論創社，2009.
- ブース，D.（中川吉晴・浅野恵美子ほか訳）『ストーリードラマ』新評論，2006.
- 山本直樹「保育者養成のためのドラマによる表現教育――授業科目『ドラマ（劇遊び）』新設の試み」『保育士養成研究』22，全国保育士養成協議会，2004，pp.39-48.
- 渡部淳『教育における演劇的知―― 21世紀の授業像と教師の役割』柏書房，2001.
- 渡部淳監・正嘉昭ほか『ドラマケーション―― 5分間でできる人間関係づくり』東放学園高等専修学校，2006.
- 渡部淳『教師 学びの演出家』旬報社，2007.
- 渡辺貴裕「教育方法としてのティーチャー・イン・ロールの意義――ドロシー・ヘスカット（Dorothy Heathcote）のドラマ教育実践の分析を通して」『教育方法学研究』33，日本教育方法学会，2008，pp.61-72.

◎英語文献

- Ackroyd, J. (ed.) *Research Methodologies for Drama Education.* Stoke on Trent: Trentham Books, 2006.
- Allen, J. *Drama in Schools: Its Theory and Practice.* London: Heinemann Educational, 1979.
- Booth, D. Story Drama. ME: Stenhouse, 1998.
- Bowell, P. & Heap, B. S. *Planning Process Drama.* London: David Fulton, 2001.
- Brown, V. & Pleydell, S. The *Dramatic Difference: Drama in the Preschool and Kindergarten Classroom.* Portsmouth, NH: Heinemann, 1999.
- Courtney, R. *Play, Drama & Thought: The Intellectual Background to Drama in Education.* New York: Drama Book Specialists, 1968.
- Bolton, G. Davis, D. & Lawrence, C. *Gavin Bolton: Selected Writings.* London: Longman, 1986.
- Dickinson, R., Neelands, J., Shenton Primary School. *Improve Your Primary School through Drama.* London: David Fulton Publishers, 2006.
- Heathcote, D. & Bolton, G. *Drama for Learning: Dorothy Heathcote's Mantle of The Expert Approach to Education.* Portsmouth, NH: Heinemann, 1995.
- Heinig, R. B. & Stillwell, L. Creative *Dramatics for the Classroom Teacher. Englewood* Cliffs, NJ: Prentice-Hall, 1974.
- Kase-Polisini, J. (ed.) *Creative Drama in a Developmental Context.* Lanham: University Press of America, 1985.
- McCaslin, N. (ed.) *Children and Drama.* 2nd ed., New York; London: Longman, 1981.
- McGregor, L., Tate M., Robinson, K. *Learning through Drama.* London: Heinemann, 1977.
- Neelands, J. *Beginning Drama 11-14. London*: David Fulton, 1997.
- O'Toole, J. *The Process of Drama: Negotiating Art and Meaning.* London: Routledge, 1992.
- Taylor, P., et. al., *Researching Drama and Arts Education: Paradigms and Possibilities.* London: The Falmer Press, 1996.
- Taylor, P. The *Drama Classroom: Action, Reflection, Transformation.* London: RoutledgeFalmer, 2000.
- Yoshida, M. *Using Drama to Teach and Learn Language and Literature in EFL Classroom.* Tokyo: Liber Press, 2008.

資料　参考CD

◎幸せな音楽
- 「マンマ・ミーア！：ザ・ムーヴィー・サウンドトラック」ユニバーサルインターナショナル，2008.
- 「レッツ・ダンス：歌謡曲編（ジルバ＆ジャイブ）」キングレコード，2002.

◎サスペンス／ミステリー
- 「日本フィル・プレイズ・シンフォニック・フィルム・スペクタキュラー（Part6）：アクション・サスペンス篇」キングレコード，2004.
- 「キング・ミュージック・エフェクト・ライブラリー（VOL.9）：ホラー・サスペンス」キングレコード，2003.

◎リラックス／安心
- 「ザ・モスト・リラクシング；フィール」EMIミュージック・ジャパン，2000.
- 「フィール・ベスト；~the most relaxing~feel best」EMIミュージック・ジャパン，2004.
- 久石譲ほか「『おくりびと』オリジナルサウンドトラック」UNIVERSAL SIGMA，2008.
- 「ニュー・シネマ・パラダイス：オリジナル・サウンドトラック」ビクターエンタテインメント，2005.

◎ロマンティックな音楽
- 「アイ・ラヴ・シネマ」ユニバーサルインターナショナル，2007.
- 「映画音楽大全集」ビクターエンタテインメント，2005（オリジナル盤1998）.

◎自然
- 「アフリカン・アドベンチャー」フォア・レコード，1996.
- 「ヒーリング・ウォーター」デラ，2002.
- 「効果音ライブラリー：自然」ビクターエンタテインメント，1997.
- 「効果音大全集7：波／磯／しけ／遠い潮騒」キングレコード，1999.

資料　視聴覚教材（DVD・ビデオ）

- 日本演劇学会「演劇と教育」研究会『これからの演劇教育・一人ひとりが輝く劇あそび』ビデオ資料1，1995.
- 日本演劇学会「演劇と教育」研究会『これからの演劇教育・一人ひとりが輝く劇あそび（PART2）』ビデオ資料2，1997.

さくいん

A～Z

American Alliance for Theatre and Education（AATE） P.20, 25
Drama in Education（DIE） P.14, 21, **44**, 50, **54**, **96**
GCSE（General Certificate of Secondary Education） P.99
Pre-text P.66
The Children's Theatre Association of America（CTAA） P.20, 25
Theatre in Education（TIE） P.49, 102
　Theatre in Education 的文脈 P.101
T グループ P.95

あ

アクションリサーチ P.214, 217, 220
アクティングアウト P.132
遊び／ドラマ／演劇 P.12, 100
頭の中の警官 P.118, 121
厚い記述 P.218
アプライド・ドラマ →応用演劇
アメリカ教育演劇協会 P.18
アリストテレス的演劇 P.108 ⇔非アリストテレス的演劇
『イエスマン／ノーマン』 P.113
異化効果 P.110
生きる力 P.127, 130, 136, 139
石積み型アプローチ P.31
インフォーマルな活動 P.32 ⇔フォーマルな活動
インプロヴィゼーション（インプロ） P.**76**, 77, **86**, 87, 91
エスノグラフィー P.213, 226
　パフォーマンス・エスノグラフィー P.226
エンカウンター P.95
　構成的グループ・エンカウンター P.95
演劇教育 P.44, 50, 52, 113, 114, 120
演劇的才能 P.17 ⇔劇的直観力
演劇の魔法 P.91
エンパワーメント P.116, 123, 124
応用演劇 P.22, 117
恐れ P.79, 80

か

学習機会 P.100, 103
学習経験 P.36, 39
学習シニシズム P.126
学習媒体 P.31
学習目標 P.136
カタルシス P.107
葛藤解決場面 P.41
過程中心の活動 P.10, 11
カリキュラム（教科）横断型 P.63, 126
カルチャーショック P.219
観客 P.39, 42
　観客の排除 P.47
環境の認知 P.45
疑似体験 P.129
教育劇 P.**106**, 119, 121

教育的ドラマ　P.10, 11
教科的学習　P.105
恐怖　P.80, 81, 86
銀行型学習　P.124
近代教育批判　P.124
クリエイティブ・ドラマ　P.10, 13, 16, 17, 18, **24**, 25, **34**, 36, 50
　　クリエイティブ・ドラマ・リーダー　P.32
　　クリエイティブ・ドラマティックス　→クリエイティブ・ドラマ
『クリエイティブ・パワー』　P.25
グループ活動　P.128, 131
形式的学習　P.30
芸術教育　P.48
芸術性　P.31
芸術的感覚　P.31
芸術的体験　P.31
劇化　P.30, 32, 146
『劇化するための物語』　P.32
劇的遊び　P.11, 13, 37, 39, 100, 101
劇的直観力　P.17
検閲　P.80, 85
言語芸術　P.36, 41
五感　P.39, 47
国語教育　P.52
個人的・社会的学習（教育）　P.11, 104
ごっこ遊び　P.11, 12
子どもたちの演劇　P.43
コミュニケーション　P.37, 40, 41, 59, 88, 90, 109, 126, 166, 202
演劇的コミュニケーション　P.108

「コンパス」　P.87
コンベンションズ・アプローチ　P.**96**, 100
コンベンション　P.100, 102, 132

さ
サイコドラマ　P.53, 122
サイドコーチ　P.84, 93
　　サイドコーチング　P.92, 93
『三文オペラ』　P.106, 107
「シアター・マシーン」　P.77
シアターゲーム　P.86, 87, 88, 92, 95
『シアターゲームファイル』　P.94
シアタースポーツ　P.77, 78
「シアター・センター」　P.48, 49
『詩学』　P.107
識字教育　P.119, 120, 124
自己解放　P.46
自己実現　P.46
自己理解　P.28, 46
自然主義　P.106
　　自然主義演劇　P.107
自然発生　P.78, 80, 83, 85, 90
実験　P.213
実践記録　P.216, 223, 225
質問紙調査　P.214
児童・青少年演劇　P.20, 43
児童演劇研究大会　P.25
児童教育演劇運動　P.17
児童劇　→子どもたちの演劇
児童中心　P.12
児童中心主義　P.17, 20, 100

『児童の世紀』　P.17
社会的こころ　P.79, 80
社会的な問題　P.105
集中　P.39, 47
賞賛／否定　P.94
焦点　P.92, 93
叙事的演劇　P.107, 112
叙事的形式　P.109
資料研究　P.213
事例研究（ケーススタディ）　P.214
新教育運動　P.17, 25, 27
身体化　P.89
身体表現活動　P.31
人物づくり　P.39
信頼　P.39
スティミュラス　P.131, 137
ステータス　P.85
ストーリー・テラー　P.31
ストーリーテリング　P.31
ストーリー・ドラマ　P.67
「スポーリン・シアターゲーム・センター」　P.87
寸劇　P.132
生活科　P.126
政治運動　P.107
政治演劇　P.123
静止画　P.100, 117, 132, 183, 189, 197
「セカンド・シティ」　P.87
『ゼツアンの善人』　P.108
セラピー　P.11, 29
　ドラマセラピー　P.53

全人的教育　P.15, 17, 28, 46, 49
専門家のマント　P.60, 63, 207
総合的な学習　P.36
総合的な学習の時間　P.126
相互信頼　P.124
想像　P.40, 78, 128
創造（形成）　P.40, 128
創造性　P.25, 78, 86, 91
創造的過程　P.39, 40
創造的思考　P.29
想像的創造力　P.25
想像的トランスフォーメーション　P.13
創造力　P.37, 42
想像力　P.44, 46, 109
双方向的な活動　P.12
即興　P.77, 191

た・な

体系的アプローチ　P.37
他者の認知　P.45
知覚　P.40, 41
知識教育　P.46, 47
知性　P.96
チャイルド・ドラマ　P.10, 21
直接的経験　P.47
直観　P.90
　直観的　P.96
　直観力　P.17
ティーチャー・イン・ロール　P.21, 58, 67, 73, 100, 143, 207
テーマ設定　P.136, 137

テクスト　P.108
トライアンギュレーション　P.215
ドラマ・アドバイザー　P.49
ドラマ・プログラム　P.100
ドラマ教育　P.10, 45, 49
ドラマ教師　P.21
　　ドラマ教師養成　P.48, 49
ドラマ経験　P.41
ドラマ的演劇　P.108
ナショナル・カリキュラム　P.22, 99
人間彫刻（影像演劇）　P.117

は・ま

パーソナル・プレイ　P.21
爆発の瞬間　P.90
パフォーマンス技能　P.104
反省的実践家研究　P.214
非アリストテレス的演劇　P.107
美的学習（経験）　P.104
評価　P.40, 41, 93, 139
表現教育　P.105
表現的学習　P.104
表現力　P.37, 42
被抑圧者のための演劇　P.**116**, 119, 120
被抑圧者のための教育　P.120
『被抑圧者の教育学』　P.124
ファシリテーション　P.227
ファシリテーター　P.11, 14, 96, 224, 227
フィールドノーツ　P.218, 221, 222
フィールドワーク　P.213, 216, 218,
　　220, 221, 226
フィリピン教育演劇協会　P.121
フォーマルな活動　P.32
フォーラム・シアター　P.72, 113, 117, 121, 122
プレイメーカー　P.38, 39, 40, 42
プレイメーキング　P.25, 28
プレイヤー　P.38, 39, 40, 42
ブレヒト教育劇　P.114
プロジェクテッド・プレイ　P.21
プロジェクト学習　P.30
プロセス・コンセプト・アプローチ
　　P.**34**, 37, 42
プロセス・ドラマ　P.10, 14, 22, 50, 64, 66
文献研究　P.213
「ベルリーナ・アンサンブル」　P.106, 108
変身　P.13
変容　P.91
ボアール・テクニック　P.117, 119
ボアール演劇　P.123
法律制定劇　P.122
ホット・シーティング　P.98, 100
ボディ・ムーブメント　P.39
マルチメソッド　P.215
見えない演劇　P.118, 121
見立て　P.13
民主的な態度　P.36
メタファー　P.104
問題解決　P.37, 127, 130
ユース・シアター　P.43

リアリズム演劇　P.106
リラックス　P.39
「ルース・ムース」　P.78
レクリエーション　P.16
レディネス　P.131, 134, 135, 137
ロールプレイ　P.11, 53, 61
ワークショップ　P.87, 94, 100, 226
　演劇ワークショップ　P.117

人名さくいん

アリストテレス（Ἀριστοτέλης）　P.107
ボアール（Boal, Augusto）　P.113, **116**, 124
ボルトン（Bolton, Gavin）　P.21, 61, 70, 74, 100
ブース（Booth, David）　P.67
ボイド（Boyd, Neva）　P.86
ブレヒト（Brecht, Bertolt）　P.**106**, 119
クック（Cook, Caldwell）　P.49
ドゥヴィーン（Devine, George）　P.77
デューイ（Dewey, John）　P.25, 36
フレイレ（Freire, Paulo）　P.119, 120, 124
フレーベル（Fröbel, Friedrich）　P.17
ギアーツ（Geertz, Clifford）　P.218
グッド（Goode, Tony）　P.101
ハーツ（Hearts, Alice Minnie）　P.17
ヘスカット[1]（Heathcote, Dorothy）　P.14, 21, 50, **54**, 64, 74, 100
ジョンストン（Johnstone, Keith）　P.**76**

ケイ（Key, Ellen）　P.17
ランバート（Lambert, Alan）　P.12
マッキャスリン（McCaslin, Nellie）　P.14, 16, 26
メアンズ（Mearns, Hughes）　P.25
モレノ（Moreno, Jacob）　P.53, 122
ニーランズ（Neelands, Jonothan）　P.12, 21, **96**
オニール（O'Neil, Cecily）　P.12, 15, 20, 21, **64**
ローゼンバーグ（Rosenberg, Helane S.）　P.26
佐野正之（Sano, Masayuki）　P.35
シェイクスピア（Shakespeare, William）　P.52, 67
シックス（Siks, Geraldine Brain）　P.26, **34**, 44
スレイド（Slade, Peter）　P.15, 21, 48, 49, 52, 100
スポーリン（Spolin, Viola）　P.19, **86**
タンディ（Tandy, Miles）　P.12
ウォード（Ward, Winifred）　P.15, 18, **24**, 34, 37
ウェイ（Way, Brian）　P.15, 19, 21, **44**, 100
ウィンストン（Winston, Joe）　P.12

1　Heathcote はこれまで，ヒースコート，ヘスコート，ヒースカット，ヘスカッツなどと訳されている。

おわりに

　教育における実践と研究の往還ということは，当然のように思われながら実は最もむずかしいところでもあります。演劇教育・ドラマ教育の経験的蓄積がどのような形で，より多くの人々，若い世代にとっての文化的資産となりうるかということについて試行錯誤してきた，一つの成果がここに結実していると思います。この企画に参加できたことに感謝しています。
(**中島裕昭**：東京学芸大学教育学部演劇分野教授・教育学部表現コミュニケーション専攻／大学院表現教育コース担当。専門：ドイツ現代演劇・演劇教育・パフォーマンス研究)

　このたび，十年来の念願であったドラマ教育のテキストが出版できることになりました。これまでの実践と研究にご指導・ご協力をいただいた先生方，そして共に歩んでくれた学生・生徒たちに感謝の意を表します。ありがとうございました。この後の興味は，この本がどのような方々に読まれ，どのような実践や研究に役立っていくのかということです。多くの子どもたちが，「今日，学校でね，……。」と，得意そうに語ってくれることを期待しています。
(**高山　昇**：中部大学現代教育学部／広島国際大学心理科学部／日本大学文理学部非常勤講師。専門：国語教育・ドラマ教育・ノンバーバルコミュニケーション・パフォーマンス学)

　ドラマ教育が自分にとって未知の世界だったころアメリカに留学して，実に魅力的なドラマ教育者たちに出会ったことがわたしの人生の大きな転機となっています。そしてこのたび，日本における記念すべき入門書づくりに参加させていただき，海外の先駆者たちを紹介する機会に恵まれましたことに感謝します。一人でも多くの方に，彼らの情熱と工夫が伝われば幸いです。
(**吉田真理子**：津田塾大学学芸学部英文学科准教授。専門：英語教育・演劇／ドラマ教育)

　ドラマを知れば知るほど，体験すればするほど，その魅力と奥深さにひかれてしまいます。多くの皆さんがこの本によってその魅力を少しでも感じてくださり，もっと知りたい，授業に取り入れてみたい，実際に体験してみたいと思っていただければ幸いです。ぜひ読んだ感想をお聞かせください。
(**山本直樹**：有明教育芸術短期大学子ども教育学科講師。専門：ドラマ教育・幼児

教育・保育者養成・社会科教育)

　私がまだ学生だったころ，ドラマ教育について読むことのできる日本語文献がほとんどなく，苦手な英語と格闘しなければなりませんでした。いつか日本語で読めるドラマ教育の入門書ができればいいのにと思っていました。あれから時が経ち，まさか自分がそのドラマ教育の入門書づくりに携わることができるとは思ってもみませんでした。この本をきっかけにドラマ教育にかかわってくれる方が出てくださjustれば，これ以上うれしいことはありません。
(高尾　隆：東京学芸大学教育学部演劇分野特任准教授・教育学部表現コミュニケーション専攻／大学院表現教育コース担当。専門：演劇教育・演劇ワークショップ・インプロ研究)

　ドラマ教育は，教師／ファシリテーターにとっても，子どもたちにとっても学びの場になるのではないかと考えています。この本は，初めて，ドラマ教育を知る方にぜひ読んでいただきたいです。5年前，私が初めて演劇を取り入れた授業を見たときに衝撃を受けたように，たくさんの方がこの本で新たな発見をしていただけるとうれしいです。
(仙石桂子：演劇・ダンスワークショップファシリテーター。専門：演劇／ダンス教育・演劇／ダンスワークショップ研究)

　20年以上前，ローゼンバーグの『クリエイティブ・ドラマとイマジネーション』(1987)を読んだときから，日本でも理論と実践がわかりやすく書かれたテキストがあればいいと願ってきました。幸運にもドラマ教育の実践的研究者である執筆者の皆さんと出会い，研究会と編集会議を重ねながらこの本を出版することができました。本書を読んで「ドラマ教育って面白そう。やってみよう！」と思っていただけたら本望です。
　最後に執筆者を代表して，さまざまにご教示下さったニーランズ教授をはじめ多くの先生方に心から感謝いたします。『現代教育方法事典』(図書文化，2004)で私の執筆した「児童演劇」の部分をコピーしてドラマ／演劇教育の本の出版を長年考えてくださり，実現に向けて超人的作業をしてくださった図書文化社の編集者である牧野希世さんと菅原佳子さん，すばらしいイラストを描いてくださったイラストレーターのムライタケシさん，刊行までにご協力くださったすべての方々に心からお礼申し上げます。
(小林由利子：東京都市大学人間科学部児童学科教授。専門：ドラマ／演劇教育・児童演劇・幼児教育・保育者養成教育)

ドラマ教育入門

2010年3月10日　初版第1刷発行［検印省略］
2014年3月20日　初版第3刷発行

著　者	©小林由利子・中島裕昭・高山昇・吉田真理子・ 山本直樹・高尾隆・仙石桂子
発行人	村主典英
発行所	株式会社　図書文化社 〒112-0012　東京都文京区大塚 1-4-15 TEL.03-3943-2511　FAX.03-3943-2519 振替　00160-7-67697 http://www.toshobunka.co.jp/
イラスト	ムライタケシ
装　幀	株式会社　加藤文明社印刷所
印刷所	株式会社　加藤文明社印刷所
製本所	株式会社　村上製本所

[JCOPY] <(社)出版者著作権管理機構 委託出版物>
本書の無断複写は著作権法上での例外を除き禁じられています。
複写される場合は，そのつど事前に，(社)出版者著作権管理機構
(電話 03-3513-6969，FAX 03-3513-6979，e-mail: info@jcopy.or.jp)
の許諾を得てください。

ISBN978-4-8100-0558-5　C3037
乱丁・落丁本の場合はお取り替えいたします。
定価はカバーに表示してあります。

教職や保育・福祉関係の資格取得をめざす人のためのやさしいテキスト
たのしく学べる 最新教育心理学
桜井茂男編　Ａ５判／256ページ●本体2,000円＋税
目次●教育心理学とは／発達を促す／やる気を高める／学習のメカニズム／授業の心理学／教育評価を指導に生かす／知的能力を考える／パーソナリティを理解する／社会性を育む／学級の心理学／不適応と心理臨床／障害児の心理と特別支援教育

「教職の意義等に関する科目」のためのテキスト
改訂新版 教職入門 —教師への道—
吉田辰雄・大森正編著　Ａ５判／214ページ●本体1,800円＋税
主要目次●教職課程で学ぶこと／子どもの生活と学校／教師の仕事／教師に求められる資質・能力／教員の養成と採用／教員の地位と身分／学校の管理・運営／付録：教育に関する主要法令【改定教育基本法・学校教育法・新指導要領】

教育評価の権威，故・橋本重治博士の名著を現代的に改訂・編集！
[2003年改訂版]教育評価法概説
原著者：橋本重治　改訂版編集：(財)応用教育研究所
Ａ５判／240ページ●本体2,300円＋税
主要目次●意義と歴史／領域と手順／絶対評価と相対評価／評価資料収集の技法／知能・適性の評価／性格・行動・道徳性の評価／教育計画・学校経営の評価／教育統計

ガイダンスとキャリア教育の理論と実践
最新 生徒指導・進路指導論
吉田辰雄編著　Ａ４判／244ページ●本体2,000円＋税
「生徒指導・進路指導・教育相談」のテキスト。キャリア発達・自己実現をめざす生徒指導・進路指導を説く。●目次　生徒指導・進路指導の歴史／ガイダンス・カウンセリングの基礎理論／生徒指導・進路指導の理念と性格　ほか

教育評価の第一人者が著す，教育関係者のための教育評価概説
教育評価の原理 —評定に基づく真の評価を目指して—
石田恒好著　Ａ５判／192ページ●本体2,000円＋税
反省・改善のない測定・評定の現状から，本来の姿「評定に基づく評価」を説く。
主要目次●教育評価の意義／手順／測定技術／教科教育の評価／総合・道徳・特活／教育課程・学校評価・学級経営の評価／教育資料簿・通信簿／指導要録ほか

教育界の一大ムーブメント，エンカウンターの源流から最先端！
構成的グループエンカウンター事典
総編集　國分康孝・國分久子　並製函入Ａ５判／688ページ●本体6,000円＋税
学校を中心に30年に及ぶ実践の全ノウハウを集大成した，ニーズと経験値で引く事典。目次●エンカウンターについて知ろう／エンカウンターをやってみよう／柔軟に展開しよう／スペシフィックエクササイズ／ジェネリックエクササイズ

〒112-0012　東京都文京区大塚 1-4-15　図書文化　TEL03-3943-2511　FAX03-3943-2519
http://www.toshobunka.co.jp/